JN409333

두 번째 서론

두 번째 서른

김용례 수필집

수필과비평사

작가의 말

바람이 차다.

그럭실 무릎에 앉았다.

역시 따숩다.

지난 삼 년 이 따신 무릎에 얼굴을 묻고 푸념을 늘어놓았다.

푸념을 하는 나에게 말없이 호미를 들게 했다.

호미를 들고 나무가, 흙이, 풀들이, 바람이 하는

말들을 받아 적었다.

두 번째는 쉬울까 했다.

두 번째도 쉽지 않다.

설익은 것 같아 따기를 주저했다.

기꺼이 표사를 써주신 노창선 교수님께 감사하다.

서른 살 여자 이야기를 쓴 딸에게도….

아직 다 받아 적지 못한 그럭실의 말들이 많다.

2016년 겨울에

김용례

차례

■ 작가의 말

1장 서른하나

그럭실 • 13
오픈카 • 17
공자님이시다 • 22
최고의 날입니다 • 26
풀밭 • 30
금싸라기 • 34
11월이다 • 38
비운다는 일 • 42
순한 표범 • 46
대청봉에 오르다 • 50

2장 서른둘

묘적암 · 57

두 번째 서른 · 61

봄 · 66

꽃방 · 70

지붕이 날아갔다 · 74

거리공연 · 78

사진과 시와 음악을 만나다 · 82

큰손님 · 86

호강했다 · 90

| 서른둘 반 |

서른 살 여자 이야기 · 97

크로아티아 여행 · 105

3장 서른셋

옛길을 걷다 • 113
그럭실 느티나무 • 117
가치 상실의 시대 • 121
지지대 • 126
엄마와 시어머니 • 130
덕분이다 • 134
귀 밖으로 들리던 말 • 138
포옹 • 142
첫눈이 내렸다 • 147

4장 서른넷

협곡열차 • 153

가시 • 157

세입자 • 161

여고시절 • 165

어리석은 청춘 • 170

돌계단을 만들며 • 174

작별인사도 못하고 • 178

떡잎을 따 주어야 한다 • 182

어느 하루쯤은 • 186

서른하나

그럭실
오픈카
공자님이시다
최고의 날입니다
풀밭
금싸라기
11월이다
비운다는 일
순한 표범
대청봉에 오르다

그럭실

— 사랑에 빠졌다

봄은 달력으로 오는 게 아니라 흙으로부터 온다고 했던가. 조그만 풀꽃들이 눈을 환하게 한다. 보는 것만으로도 봄이다.

그럭실. 지난해 봄, 그와 접견한 다음 날부터 매일 만나러 갔다. 어떤 날은 두 번 다녀온 적도 있다. 집에 있으면 거기서 누가 부르기라도 하는 듯 달려갔다. 차로 30분 거리에 있다. 어떤 이는 기름값이 아깝다고 하지만 나에게는 너무나 즐거운 시간이다. 사랑에 눈먼 사람처럼 앞뒤 분간 못하고 찾아갔다. 청안면 질마재를 넘어 꼬불꼬불한 산길을 따라 한참을 올라가야 만날 수 있다.

그럭실과 처음 만나던 날의 기억을 잊을 수가 없다. 설레는 두근거림이었다. 보는 순간 불꽃이 이는 느낌 같은 것이랄까. 가슴이 뛰었다. 탐이 났다. 소유하고 싶었다. 어디로 달아날 것 같아 안달을 냈다. 아마 이런 남자를 만났다면 당장이라도 지금까지 내가 지켜온 모든 것을 다 버리고 그에게 달려갈지도 모르겠다. 이목구비는 볼품없지만 웃고 있는 눈빛이 순박한 남자 같다고나 할까. 이야기가 잘 통할 것 같은, 어쩌면 이렇게 멋질까. 그 가슴에서 뭉개고 놀아도 다 받아줄 것 같다. 그에게 흠뻑 빠지고 싶었다. 사랑하는 데 무슨 조건이 필요한가. 속없는 여자처럼 냉큼 고백하고 말았다. 마음 변치 않고 사랑하겠다고.

집도 아닌 컨테이너가 놓여 있고, 전기도 들어오지 않고, 골짜기에서 내려오는 물을 받아쓰고 있다. 생김새도 네모반듯한 것도 아니고 길게 못생겼다. 그런데 그런 것들이

싫지가 않았다. 깨끗하고 달달한 바람, 차분하고 다정한 목소리에 내 혼을 쏙 빼앗겼다.

밭에는 파릇파릇 쑥이 올라오고 있었다. 그야말로 쑥밭이었다. 드문드문 노란 민들레꽃이 웃고 있고 봄맞이꽃이 밭둑에서 하얗게 인사를 건넸다. 고것들이 얼마나 예쁘던지 "그래, 네가 여기 있어 발걸음이 이리로 왔구나." 반갑게 말을 걸었다. 그렇게 지난해 봄부터 그럭실과 사랑을 시작했다.

처음 농사를 지을 땐 물과 햇볕만으로 작물을 키워 내리라 결심했다. 농약을 치지 않고 비료도 주지 않았다. 그런데 이장님께서 올해는 두엄 좀 뿌리고 밭을 한 번 갈아 엎으란다. "땅도 힘이 있어야 뭘 키워내지." 하신다. 처음엔 내 고집대로 그냥 해보려고 했다. 생각해보니 그도 그럴듯하다. 농약은 하지 않지만, 퇴비는 줘야 할 것 같다. 흙을 만져 보았다. 손으로 전해오는 질감은 진이 다 빠진 것같이 푸석하다. 겨울을 견뎌낸 흙, 자식들을 키워내신 이 땅의 늙은 부모님을 생각나게 했다.

밭에 두엄을 내고 갈아 놓으니 부드럽고 촉촉하게 생기

가 도는 것 같았다. 농사에 서툰, 아니 '서툰'은 너무 과분한 표현이다. 문외한이 아는 체를 했으니 평생 농사만 지은 이장님이 얼마나 기가 막혔을까.

사랑한다는 건 세심한 관심과 배려하는 마음으로 소중히 보듬을 줄 아는 것이다. 보고 싶고, 함께 있고 싶고, 함께 있으면서도 확인하고 싶은 것이 사랑이다. 가장 과학적이고 치밀해야 하는 것이 흙과 사랑하는 일이다. 사람을 사랑하는 일도 마찬가지다. 세심한 관심을 쏟지 않으면 사랑하는 마음이 돌아설 수 있다. 농사는 단순 노동이므로 아무나 할 수 있는 것으로 인식했던 내 잘못을 인정하게 되었다. 그럭실의 살을 매일 만지며 살 것이다. 올봄에도 그럭실에서 헤어나지 못할 것 같은 행복한 예감이 든다. 나 지금 사랑에 빠진 것 맞죠?

* 그럭실: 청안면 문당리 그럭실. 그럭실은 글을 읽는 선비가 억億수로 많다는 뜻의 글억실이었으나 음운 변화를 거치면서 그럭실이 됨.

오픈카

그동안 많이 보고 싶었다. 비행기를 타고 가야 하는 먼 거리에 살고 있으므로 더 그리웠다. 걱정도 팔자라는 남편의 핀잔을 들으면서도 살림을 어떻게 해놓고 사는지, 밥은 제대로 먹고 사는지 궁금했다. 주책없이 보고 싶은 걸 어쩌랴. 며느리를 얻고 10개월 만에 처음으로 아들 며느리가 살고 있는 태국으로 간다.

남편의 핀잔을 귀 밖으로 들으며 아들이 좋아하는 잡채,

깻잎장아찌, 멸치볶음, 며느리가 먹고 싶다는 오징어채볶음, 김치 등등 반찬을 만들어 보따리를 쌌다.

아들과 며느리가 마중을 나왔다. 오랜만에 보는 아이들과 진한 포옹을 했다. 아들은 내 걱정을 비웃기라도 하듯 잘살고 있었다. 생각보다 깔끔하고 단출한 살림을 야무지게 하고 있었다.

하룻밤을 잤다. 애들은 먼 길 왔으니 며칠 쉬었다 가란다. 내 집이 아니니 모든 것이 불편했다. 이제 애들 얼굴 보았으니 얼른 돌아가야지 하는 생각을 하고 있었다. 그런데 며느리가 "어머니, 내일은 제 오픈카 타고 시장 보러 가요." 한다. 난 "오픈카? 너 오픈카 있니?" 하니까 있단다. 속으로만 '애들이 무슨 오픈카야.' 나에게 오픈카 이미지는 영화에서나 보았던 긴 머리에 머풀러를 휘날리며 푸른 초원을 달리는 유럽의 낭만을 생각하게 한다.

이튿날 아침을 먹고 며느리와 집을 나섰다. 어떻게 생긴 오픈카를 타고 다니는지 기대를 잔뜩 했다. 그런데 파타야 거리에 수없이 다니는 썽테우가 제 오픈카란다. 우리 돈으로 350원만 주면 가까운 거리는 얼마든지 타고 다니는, 트럭 뒷자리에 의자를 붙여 사용하는 대중교통이다. 손을 들면 아무데서나 태워주고 내리고 싶은 곳에서 벨만 누르면 세워준다. 며느리 말에 의하면 돈을 조금 더 주면 집 앞에까지 태워다준단다. 무더운 나라에서 고생스러울 텐데 긍정적으로 생활하는 며느리가 그지없이 고맙고 기특하다. 살림 솜씨며 혹시나 했던 내 걱정을 안심시킨다.

며느리를 처음 봤을 때 체구가 작고 살이 없어 야무져보였다. 만만해 보이지 않는 것이 마음에 들면서도 조심스러웠다. 그리고 결혼하고 바로 떨어져 살았으니 정들 새도 없었다. 솔직히 지금까지 내 식구라는 애틋한 감정도 없었다. 그런데 일주일을 함께 지내면서 가까워졌다. 코사멧이라는 섬으로 여행을 하면서 불편할 텐데 굳이 한방을 쓰자는 며느리의 제안을 받아들였다. 한방에서 자고 밥을 먹으며 우리에게 어찌나 살갑게 하던지 정이 담뿍 들었다. 내 새끼구나. 남편은 주책없이 매일 입을 헤벌리고 있다. 며칠만에 며느리바보가 되었다.

나는 지금까지 며느리 자리에서 식구들을 챙겨 주는 역할에 익숙해 있다. 그런데 며느리가 나를 챙긴다. 어색하고 불편하면서도 행복하다. 이것이 사람 사는 이치구나 하는 생각을 했다. 나는 어느새 싱크대 앞으로 가 있다. 애들하고 같이 있는 동안 하나라도 더 챙겨 먹이고 싶은 어미에 충실하려 했던 것 같다.

본격적으로 인생을 시작하는 애들에게 더 좋은 환경을 마련해 주지 못한 것이 미안했다. 그래서 서울에서 직장생활을 잘하다가 느닷없이 조건이 좋은 태국으로 간다고 했을 때 나는 반대하지 않았다. 지금 아니면 이런 용기를 내볼 수 없을 것 같았다. 혼자가 아닌 사랑하는 사람과 함께하는 것보다 더 큰 힘은 없을 것이다. 무엇이 두렵겠는가.

태국 거리에 우리 며느리의 오픈카가 수없이 많다. 젊다는 것은 불어오는 바람을 온몸으로 받아들이는 일이다. 오픈카는 바람과 비와 태양을 피하지 않고 헤쳐 나간다. 그래서 멋지다. 우리 며느리도 지금은 썽태우를 타고 태국 거리를 활보하지만 먼 훗날 무모했던 신혼의 한때, 뜨겁게 사랑해서 아름다웠던 젊음을 추억할 것이다. 공항에서 눈물을 흘리며 손을 흔들어 주던 며느리가 자꾸만 눈에 밟힌다.

자식들은 부모의 마음을 안타깝게 하며 성장하고 자신의 영역을 만들어 간다. 사람은 어떠한 환경에 처하든 자신의 능력만큼 살아간다. 그 더운 나라에서 애쓰고 있는 아들, 며느리를 생각하면 가슴이 조인다. 자식 사랑은 영원한 짝사랑이라 했던가.

공자님이시다

운동화 끈을 조여 맸다. 그리고 털모자를 눌러썼다. 바람이 칼칼하다. 좀처럼 시간 내기 힘든 딸아이가 이 엄동설한에 땀을 흘리고 싶다며 산에 가자하여 함께 나섰다.

겨울 칠보산을 오르는 일은 만만하지 않았다. 겨우내 내린 눈은 얼어붙어 있다. 그 눈이 녹았다 얼었다 하면서 흙이 살짝 덮인 얼음길이었다. 경치를 즐기거나 손을 잡고 여유를 부릴 수가 없다. 걷는 데만 집중해야 한다. 조심조심 신경을 바짝 세우고 땅만 보고 걸었다. 아이는 말없이 앞서 한참을 올라갔다. 이마에 땀이 송골송골 맺혀 있다. 목적지만 향해 숨차게 오르는 아이의 손을 잡았다. 그렇게 오르기만 해서 어쩌려고 하나 걱정스러워 물을 마시게 했다. 잠시 아래로 보이는 멋진 풍경을 보라고 했다. 숨을 고르며 올라온 길을 돌아보는 딸아이의 얼굴이 심란했다. 힘든 내색은 하지 않지만 어미인 내가 그 마음 왜 모르랴. 젊은이들만이 겪어야 하는 고민을, 욕심이 많으니 시련도 더 많이 겪어야 하고 시련을 이겨내려는 고통도 또한 클 것이다. 혹독하게 자신의 몸을 혹사하며 마음을 다잡으려는 것 같다. 사회 초년생의 생활은 얼음 위를 걷는 것과 같으리라. 녹록지 않은 사회생활을 그저 잘 이겨내길 바랄 뿐이다.

산악회에서 온 사람들인지 여럿이 웃고 떠들며 산을 오른다. 여기저기서 쿵쿵 소리가 나면서 비명이 들린다. 봄 산이라고 쉬울까, 여름 산이라고 쉬울까, 산을 오르는 일은 숨이 턱까지 차오르는 고비를 넘겨야 정상에 다다를 수 있다. 살아가는 일과 같아서 인내가 필요하다. 우리의 삶도 조금 여유 있다 싶어 한눈을 팔면 여지없이 넘어진다.

산이 주는 느낌은 계절마다 다르다. 겨울 산은 속을 다 내보이고 침묵이다. 환상적인 설경 아래 겨울의 낭만과 아름다운 풍경만 있는 것이 아니다. 한적하면서도 운치 있는 색다른 낭만을 느끼게 한다. 설원의 장쾌한 눈꽃을 함께 볼 수 있는 겨울 산, 하지만 방심하면 위험한 위기를 만나게 된다. 우리도 산을 오르며 몇 번은 넘어질 뻔했다. 힘들다고 오르기를 포기하면 더 높은 곳에 오를 수 없다. 앞만 보고 가면 정상에는 빨리 오를 수 있겠지만 오르면서 볼 수 있는 경치를 놓친다. 온 힘을 다해 한 계단 한 계단 오르는 것은 살아가는 묘미를 즐겨보라는 말씀과 같다.

겨울 산은 공자님이시다. 말로써 가르치려 하지 않고 다만 다녀가는 것으로 세상 이치를 깨닫게 하신다. 산은 말없이 있지만 우리는 그 앞에서 벌벌 긴다. 서슬 퍼렇게 호통을 치거나 눈을 부라리지 않아도 알아서 긴다. 함부로 행동하지 못한다. 설산의 아름다움에 반하지만 쉽게 범하지 못

한다. 그 앞에서 겸손해진다. 겸손해야 한다. 조용히 성찰하고 정숙하라 말하지 않아도 무릎 꿇어진다.

세상에는 서둘러서 되는 일이 있고, 욕심을 내서 되는 일이 있다. 때를 기다려야 하는 일이 있다는 것, 함부로 행동해서는 몸과 마음을 다칠 수 있다는 것이 오늘의 가르침이었다. 다 큰 자식에게 이제는 내가 해 줄 수 있는 게 없다. 조용히 지켜봐 주는 것, 힘들어할 때 옆에 있어 주는 것이다. 서너 시간 땀을 흘리고 내려온 딸아이는 한결 편안해 보인다. 나는 아이의 손을 꼭 잡아줬다.

최고의 날입니다

때를 맞추는 일이 쉽지 않다. 세 번째 걸음이다. 꼭 이맘때 다녀간다. 그런데 제대로 만나본 적이 없다. 아직 오지 않았거나 다녀간 흔적만 보고 서운한 마음만 안고 돌아왔다. 그래서 이번엔 더 간절하게 보고 싶은지도 모르겠다. 세 시간 반을 쉬지 않고 달려왔다. 이제 몇 발짝만 오르면 볼 수 있다. 일주문으로 올라가는 내 모습이 급해 보였는지 먼저 보고 내려오는 두 분 수녀님께서 엄지손가락을 펴 보이며 "최고의 날입니다." 하신다.

옛 선비들이 매화를 보며 글을 쓰고 그림을 그렸던 것을 이제야 조금 알 듯하다. 수녀님들이 "최고의 날입니다."라고 한 뜻을 매화를 보니 알겠다. 보는 순간, 입으로 소리가 나오지 않고 눈이 커진다. 많은 사람이 오고가도 조용하고 예의 바르고 엄숙하다. 납월매 앞에서 행동을 거칠게 하거나 손으로 만지는 이가 없다. 눈으로 쓰다듬는다. 홍매 앞에서 두 손 모아 합장을 했다.

납월은 섣달이다. 섣달 눈 속에서 피어난다 하여 납월매라고 한다. 매화를 입에 물면 봄이라고 했던가. 사람들은 한겨울 추위를 견디고 눈 속에서 피는 매화를 보려고 먼 길을 달려온다. 눈 속에서 고요히 피어 있는 납월매를 보면 숙연해진다. 큰 소리 내지 않아도 어려운 사람 앞에 서 있는 듯 조심스럽다.

금둔사 납월홍매화를 보고 오면서 곱씹히는 말, "최고의 날입니다." 그렇구나, 최고의 날이구나. 수녀님께서는 오늘 매화가 절정으로 피었다는 말을 최고의 날이라고 하셨다.

비를 맞으며 곱게 피어있는 매화의 애틋함이 잔영으로 남아있다. 그러나 매화의 영상보다 최고의 날이라는 수녀님의 말이 더 깊은 여운으로 남는다.

우리는 순간순간 느끼는 충만함을 잊고 조금 불편하고 괴로웠던 일을 가슴에 새기고 살기 때문에 최고의 시간을 놓치고 사는 게 아닌가 싶다. ≪어디서 와서 어디로 가는가≫라는 명저를 남긴 스위스의 사상가 카알 힐티는 내 사명을 깨달은 날이 내 생에 최고의 날이라고 했다. 그렇구나, 금둔사의 납월매는 가장 먼저 피는 사명을 알고 오늘 그 사명을 행함에 있어 가장 아름답게 피워낸 날이구나.

금둔사를 다녀와 딸에게 물었다. 너는 지금까지 살아오면서 최고의 날이 있었느냐고, 딸의 대답은 간단했다. 아직 없다는 것이다. 시고 떫은, 아직은 앞으로 나갈 줄밖에 모르는 서른 살, 어쩌면 당연한 대답일지도……. 늘 최고의 날을 향해 가는 젊음은 한방에 갈 수 있는 최고의 순간을 기대할 것이다. 구회 말 홈런 한 방에 날려 버리는 승리 같은 것. 복권에 당첨되어 어느 날 갑부가 되어 있는 것.

퇴근길에 눈에 확 들어오는 남자가 말을 걸어오는 순간, 인생에 그런 한방에 떨어지는 것을 바라는 것이 얼마나 어리석은 것인지 모르리라. 나도 갱년기를 지나 검은 머리보다 하얀 머리가 더 많아지고 시어미가 되고 나서야 그것을 알았다.

최고의 날은 사소한 하루하루 중에 정말 읽고 싶었던 책을 선물로 받았을 때, 며칠 흐리다가 맞이한 햇볕이 좋은 아침, 마음속으로 존경하던 선배님에게 밥 먹자는 전화를 받고, 생각해보면 매 순간이 최고다. 순간순간이 이어져 하루가 되고 삶이 되는 것이다. 납월 매는 조금 춥다고, 제일 먼저 피었다고 호들갑을 떨지 않는다. 오늘 금둔사 홍매의 최고의 날을 보았다.

일 년에 한 계절 피었다 지는 꽃은 때를 맞추기가 어렵다. 때를 맞출 일도 최고일 필요도 없는 일상 중에서 상대방을 향해 엄지손가락을 펴 보이던 두 분 수녀님의 여유와 미소를 따라 해보면 매일 매순간 최고의 날이 되지 않을까 싶다. 금둔사 홍매의 미소가 봄을 입에 물었다.

풀밭

소나기가 한바탕 시원하게 퍼붓고 간다. 목말랐던 식물들 물 넘기는 소리가 들리는 듯 논과 밭이 만족하게 푸르다. 그런데 남편은 한숨을 쉰다. 이 비가 그치고 나면 밭에 풀이 쑥 올라올 거라며 겁이 난단다. 풀만 없으면 농사지을 만하겠단다. 봄에 뽑아줘야 했는데 시기를 놓쳤다. 우리 밭은 경사졌다. 그래서 오늘같이 소나기가 지나가면 흙이 다 떠내려간다. 올해는 흙이 파이지 않았다. 풀들이 흙을 꽉 움켜쥐고 있었던 것이다.

밭에 오면 심란한 건 사실이다. 집에서는 풀하고 같이 키우지 하다가도 밭에 오면 저 풀들을 어쩌나 싶다. 풀밭인지 농사를 짓는 밭인지 분간하기가 어렵다. 쉽게 하려면 제초제를 뿌리면 된다. 그러나 이 소중한 것들에게 농약을 친다는 것이 용납 안 된다.

주말에는 서울에 있는 딸이 내려온다. 엄마 밥이 먹고 싶다는 말에 주말 내내 주방에서 서성거린다. 때로는 귀찮기도 하고 힘도 들지만 그마저도 없다면 몸은 편안하기는 하겠지만 사는 맛이 없지 않을까 싶다. 절간 같던 집이 주말에는 사람 사는 집 같다. 사람 사는 일이나 농사나 걸림돌이 삶을 지탱하는 이유가 되는 것이다.

풀 속에서도 고구마, 땅콩이 자라고 있다. 도라지가 꼿꼿이 대를 세우고 있는 것이 신기하다. 풀밭 속에서 보라색 도라지꽃이 피고 있다. 보라색 꽃이 얼마나 상큼한지 위안이 된다. 그래, 너희들에게 농약을 뿌리면 안 되지 하고 말을 걸어보기도 한다. 업으로 하는 농사도 아니고 그곳에서 즐기는 시간과 건강한 먹을거리가 우리에게 주는 즐거움을 생각하면 풀을 뽑는 수고와 마음고생은 당연한 것이다. 이만하면 만족이다, 생각하게 된다.

처음 농사를 시작했을 때 이장님께서 풀을 이겨야 시골에 살 수 있다고 하셨던 말씀이 요즈음 새록새록 생각난다. 풀을 이길 생각은 없다. 그냥 있으면 있는 대로 할 수 있는 만큼만 하고 살자 싶다. 농사를 시작했을 때는 지악스럽게 풀을 뽑아 댔다. 자고 일어나면 손가락이 구부려지지 않았었다. 나이 들면서 호들갑스럽게 좋은 것도, 땅 꺼지게 슬플 것도, 안달하며 살 일도 없다는 것을 안다. 풀 때문에 안달할 일도 아니다.

며칠 전 부부동반 모임이 영동에서 있었다. 영국사 만세루에서 시화전이 열리고 있었다. 우리 모두의 시선을 잡았던 강석호 님의 시

인생

가더이다 초록빛이 뒤도 보지 않고
오더이다 된서리가 초대장도 없이
빈손 쥐고 가시더이다 인사도 없이

그렇다. 오더이다. 오더이다. 가시더이다. 하면 한생애를 마치는 것이다. 산다는 것이 저 시처럼 청춘은 멋모르고 보내고 인생을 좀 알 것 같아 열심히 살아 보려하면 어느 날 느닷없이 된서리가 온다. 거기에 더 하고 싶은 말이 무엇이 있겠는가. 그저 자연의 순리대로 흘러가는 것이 인생인 것을.

풀밭이 된 밭을 바라보며 울상인 남편에게 나는 풀밭에서 피는 보라색 도라지꽃이 더 평화스러워 보이지 않느냐며 위로했다. 올해는 풀을 뽑는 수고로움이 없었으니 마음 불편한 것은 참아야 할 것 같다. 풀의 노예가 되지 말고 풀과 함께 살아가는 방법을 찾자고 했다. "우린 지금 초원에서 놀고 있잖아."

금싸라기

어제는 종일 비가 내렸다. 오늘은 금싸라기 같은 가을 햇살이 축복처럼 쏟아진다. 함초롬히 내리는 비도 눈부신 햇살도 가을답다. 조금은 쓸쓸하고, 조금은 우울하고 그러면서도 가슴엔 뭔가 충만해서 눈물이 나는 계절, 가을이다. 곱게 물든 가을 풍경을 보며 현도정보고등학교 학생들을 만나기 위해 차를 타고 오는 내내 설레었다.

학생들을 만나기 전에 교장실에서 차를 마시며 담당 선

생님으로부터 학교 소개를 받았다. 이정로 이사장님의 “너를 너답게 가꾸는 데 최선을 다해라.”라는 설립이념이 신선했다. 현도정보고등학교는 인성교육에 중점을 둔다는 말씀과 교과 성적은 조금 떨어지지만 다른 방면에는 뛰어난 학생들이라는 말씀을 강조하셨다. 성적이 조금 밀린다고 꿈까지 밀리는 것은 아니란 말씀을 덧붙여 하셨다. 선생님께서는 아이들에 대한 사랑과 자부심이 대단하셨다. 살뜰하게 아이들을 생각하는 선생님들의 열의를 보고 학생들이 행복한 학교라는 것을 알 수 있었다.

2학년 3반 교실로 들어서는 순간 환한 얼굴들이 반갑게 맞이해 주었다. 귀한 금싸라기들이 여기 있었다. 나는 떨리는 마음을 감추고 간단하게 내 소개를 하며 시 한 편을 낭송해 주었다. 살아가면서 아름다운 시 한 편은 가슴에 품고 살아도 좋다는 생각을 하며 살고 있다.

학생들의 가슴에는 이름표가 크게 빛나고 있었다. 이름을 불러 꿈을 물어봤다. 상담사가 되고 싶고, 제빵 명장이 되고 싶고, 네일아트를 하고 싶고, 그저 평범하지만 회사원이 되고 싶은 나름대로 꿈을 품고 있는 학생들이 대견하고 부러웠다. 한명 한명이 정말 금싸라기같이 귀한 아이들이다. 머지않아 학교를 졸업하고 이 사회의 일원으로 중심에 있을 청년들을 상상했다. 나는 학생들과 불과 한 시간밖에 함께하지 않았지만 그들에게서 힘이 불끈 솟아나는 꿈과 희망을 보았다.

내가 지금까지 살아오면서 중요하게 경험한 것들을 들려주었다. 인사만 잘해도 인정받을 수 있고 좋은 책을 읽어 가슴이 따뜻한 사람이 되었으면 좋겠다고 했다. 심리학자 윌리엄 제임스의 말을 빌리자면 '말이 생각이 되고, 생각이 행동이 되고, 행동이 습관이 되고, 습관이 인격을 만들고, 인격이 인생이 된다.'고 그러므로 말을 조심하면 인생이 행복해진다고 했다.

나는 여고시절 수업시간에 소설책을 읽다가 선생님께 혼난 적이 많았다. 공부는 하기 싫고 책은 잘 읽었다. 그것이 바탕이 되었는지 지금 글을 쓰는 일을 하며 행복하게 살고 있다. 살아가는 데는 교과 성적보다 더 중요한 것이 많다는 것을 이제는 알고 있다.

금싸라기는 무엇인가, 금가루다. 말 그대로 귀한 보석이다. 쉽게 얻을 수 있는 것도 아니고 함부로 해서는 안 되는 소중한 것이다. 편견을 가진 어른들의 눈으로 보면 아이들이 생각도 없이 행동하는 것 같다. 하지만 가슴을 열고 들여다보면 다 자신의 미래에 대해 고민을 하며 생활한다. 속이 꽉 찼다. 아이들 수업 태도가 좋지 못할 수 있다는 담당 선생님의 걱정은 기우였다. 한 시간이 어떻게 지나갔는지 아쉽게 마쳤다.

우리 사회가 일등만 우대하는 사회가 되다 보니 아이들을 인성보다는 학교성적으로 판단하는 것이 안타깝다는 담당 선생님의 말씀에 명치 끝이 아프다. 나를 나답게 가꾸라는 학교설립 이념이 내 폐부를 찌른다. 오늘 가을 햇살을 받으며 현도정보고등학교 2학년 3반 금싸라기들을 만난 기분 좋은 하루였다. 수업을 마치고 교정을 나서는 햇살에 금싸라기 같은 얼굴들이 환하게 웃는다.

11월이다

바람은 불지 않는다. 비만 차분히 내린다. 다행이다. 잰걸음으로 가을이 가고 있다. 그 가을을 따라 우암산 순환도로 청주국립박물관으로 왔다. 바람 불면 고운 단풍들이 휘리릭 다 떨어질 것 같아 바라보는 내 마음이 조바심을 낸다. 따스한 차 한 잔 들고 산책로를 걷는 것만으로도 가을을 즐기기에 손색이 없는 곳이다.

11월이다. 10월처럼 축제의 달도 아니고 12월처럼 특별히 주목받는 얼굴도 못 된다. 축제의 뒷설거지도, 긴 겨울 준비를 위해 분주히 움직여야 하는 것도 이달의 몫이다.

문득 11월은 여자의 삶을 참 많이 닮았다는 생각이 든다. 어느새 여기까지 왔는지 생각해 보면 아득하다. 아등바등 살아냈다. 나는 없고 오직 자식들이 잘됐으면 좋겠고 남편이 더 빛났으면 하는 그 마음으로 살았다. 나뿐만 아니라 자식을 둔 모든 여자의 삶이 이러할 것이다. 이젠 누가 봐도 젊음과 거리가 먼 여자. 아무리 화장을 하고 옷을 차려 입어도 숨길 수 없다.

나무들은 11월 초 붉게, 황홀하게, 눈부시게 절정을 이룬다. 그리고 조용히 잎을 떨군다. 자식을 키워낸 사람들은 황홀의 지난날을 기억한다. 그것을 지키기 위해 지난봄과 여름을 어떻게 견뎠는지를. 그 시간이 그냥 따라온 것도 아니고 단지 희생만 있는 것도 아니었다. 고단했지만 벅찬 순간도 많았다. 나를 어미로 만들어 주던 날, 조금 철이 들어 제 어미 고단함을 알고 어깨를 주물러주던 따스한 손길을 어찌 잊겠는가. 떨어지는 낙엽이 안타까운 것은 시한부

적인 시간 때문이리라. 엄마로, 아내로 살아온 11월 같은 여자. 그 여자에게도 단풍처럼 황홀한 날이 있을 것이다.

며칠 전, 여고 동창 몇이 모였다. 자식들 자랑하느라 입이 바쁘다. 요즘엔 손자 자랑하느라 하나뿐인 입이 아쉬운 듯하다. 그러다가 한 친구가 남편과 다투고 나와 흉을 보기 시작했다. 자식 자랑할 때는 신나던 친구들이, 이번엔 남편 흉으로 얼굴이 일그러진다. 저런 남편들하고 어떻게 몇 십 년을 살아왔을까 싶다. 친구들은 몇 시간 수다로 돌아가는 발걸음이 가볍다. 집으로 돌아가면서 마트에 들렀다. 남편이 미워 죽겠다던 친구는 남편이 좋아하는 생선을 고르고, 나이 들면 더 깨끗하게 입혀야 한다며 남편 옷을 산다. 금방이라도 이혼할 것 같더니 남편 밥상을 차리기 위해 친구들은 총총히 집으로 향한다. 자식들 짝지어 다 내보내고 단출하게 사는 나이 든 여자들, 친구들과 헤어져 집으로 오면서 혼자 웃었다. 나도 그들과 다르지 않다.

축제의 무대에 서지도 못하고 빛낼 것도 없어 주목받지 못한다고 그 삶이 의미 없는 것은 아니다. 여자로의 삶이 고단했지만, 무대를 바라보는 지금 고맙다. 후회하지 않는다. 마지막 한 번은 가을 단풍처럼 내 빛깔로 온 세상을 황홀하게 물들이고 싶은 욕망은 살아있다. 지금은 11초, 가을의 절정이다. 절정의 시간은 불꽃 같아서 머물러 있지 못한다.

요즈음 우암산 우회도로를 타고 가을을 따라 박물관에 자주 온다. 머물지 못하는 가을을 나는 이렇게라도 잡아두고 싶어 억지를 부리는지도 모르겠다. 들고 온 차가 온기를 잃었다. 식은 차 한 모금이 타는 목을 적셔준다. 내리는 비를 바라보며 가을을 잡고 있다. 땅에 떨어져 비에 젖은 단풍잎이 애처롭다. 11월처럼. 나처럼.

비운다는 일

잎을 다 떨어뜨린 나뭇가지에 하얀 눈이 쌓여 세상엔 온통 하얀 꽃만 존재하는 듯하다. 이미 봄과 여름, 가을을 살아낸 대지의 모든 것들이 깊어지고 있다. 나뭇가지가 허허로울까 봐 눈이 살짝 내려앉았나 보다. 지금은 12월이다.

금년에 해야 하는 건강검진을 미루다 더 이상 미룰 수 없어 며칠 전 검진을 받았다. 위내시경과 대장내시경을 하려면 위와 대장을 다 비워야 한단다. 하루 전날부터 흰죽을 먹고 지사제와 대장 약을 2리터의 물에 타서 마셔야 한다. 마시고 나면 금방 뱃속에서 요동을 친다. 화장실을 수없이 들락거려야 한다. 약을 타지 않은 식수 1리터를 또 마셔야 한다. 물도 약으로 마시려니 곤혹스럽다. 속을 깨끗이 비워야 하는 일, 해본 사람들은 그 진저리쳐지는 불쾌함을 다 알 것이다.

사람들은 마음을 비워야 편하다고 한다. 나는 비우는 것이 아니라 내 힘으로 어찌할 수 없으니 체념하는 것이라고 생각한다. 며느리를 얻고 나니 자식에 대한 욕심을 버리고 마음을 비워야 한단다. 사람과 사람이 엉켜 살면서 마음을 비우고 살기가 쉬운 일인가? 물질을 나누는 일보다 마음을 주고받는 일이 천 배쯤 어려운 일처럼 느껴진다. 어렵다. 내 것이 될 수 없는 것에 욕심을 부리다 보면 상처를 입게 된다.

사람과 사람 사이에 있어서 마음을 비우는 일만큼 차가운 것은 없다는 법정 스님의 말씀도 생각난다. 욕심을 선뜻 버리지 못함은 내면의 욕망이 자아를 지배하고 있기 때문이란다.

검진하기 위해 장을 비우니 속은 편안한데 기운이 없다. 먹는 즐거움을 억제해야 한다는 것은 사는 즐거움의 일부를 잘라내는 것이다. 검진을 받으며 빨리 마치고 나가서 무얼 먹을까 하는 생각에 골똘했다. 복매운탕도 먹고 싶고, 두부찌개도 먹고 싶고, 평소에 좋아하지 않던 과자도, 온통 먹는 생각만 했다. 속이 헛헛하니 마음도 불안하다.

장을 비우는 것처럼 마음도 약을 마셔 하룻 저녁 쏟아내고 나면 깨끗이 비워질 수 있다면 미움이나 분노 없이 살 수 있을까? 웃어본다. 중용을 지키며 살기란 쉽지 않다. 욕심을 버리고 살면 일상의 소소한 재미도 모르고 살아야 한다.

어떻게 사는 것이 잘 사는 것일까? 더러는 기대하고 더러는 체념하며 사는 것이 인생일진대 우리는 마음속에 알 수 없는 불안감을 안고 살아간다. 일어나지도 않은 일에 바짝 긴장한다. 비우는 것만이 능사일까?

자신의 느낌에 충실하자. 가끔 고집스러워 보인다 한들

어떤가. 기쁨을 누리기 위해서는 단순함이 특히 중요하다고 했다. 이 나이에도 욕심을 없앤다는 것, 마음을 비우는 일, 어렵고도 어렵다. 잎을 떨어뜨리고 편안한 휴식을 누리고 있는 나무를 본다. 뜨겁던 날 장마와 태풍이 휘몰아치던 폭풍의 계절에도 악착같이 붙들고 있던 잎들을 다 떠나보냈다. 지금은 고요하다. 비운다는 것은 단호히 잘라내는 고통을 참아 내는 일이다. 그래야 비로소 비워지는 것이다. 겨울도 비우는 일이 쉽지 않아 눈이 내리나 보다.

연말에는 강원도 인재의 눈 쌓인 원대리 자작나무 숲에나 다녀올까 한다. 자작나무처럼 맑아 보겠다는 욕심을 부려본다.

순한 표범

남편은 삼십삼 년을 새벽에 출근하여 늦은 밤이 되어서야 집으로 돌아오는 직장인이었다. 정년 5년을 남겨 두고 명예퇴직을 했다. 세상은 돌고 도는 것, 어차피 본인이 하루라도 빨리 그만두어야 젊은 사람이 그 자리에 가서 일한다는 것이다. 젊어 한때는 이 직장 아니면 못 먹고 살겠는가 싶어 여러 번 그만두려고도 했었다. 그렇게 세월이 흘러 청춘을 다 보낸 직장을 막상 그만둘 때가 되어 돌아보니 고맙고 아쉽단다. 나는 불안한 속마음은 감추고 박수를 치며 환영했다. 삼십삼 년 고생했으면 이제부터는 당신 인생 즐길 자격이 충분히 있다고 위로했다.

지난여름 남편 고등학교 동문 모임이 있었다. 정년퇴직하신 분도 계시고 아직 현직에 계시지만 대부분 퇴직을 코앞에 두고 계신 분들이다. 남편의 명예퇴직을 두고 선배님들은 5년이나 더할 수 있는데 왜 벌써 그만두느냐고 다들 반대했었다. 그러면서 우스갯소리로 여기는 동문 모임이 아니라 장로님들(장 노는 사람들) 모임이라고 했다. 남편은 그날부터 변 선생에서 변 장로님이다. 한술 더 떠 남편의 선배 부인께서 자기 남편은 퇴직한 지 오래되었으니 한 직급 높은 목사님(목적 없이 사는 사람)이 시란다. 자기는 교회 한번 가보지 않고도 목사 사모가 되었으니 횡재했다고 해서 또 한바탕 웃었다. 서로 장로님, 목사님 하면서 웃었지만 젊어 한때는 킬리만자로의 표범처럼 정글의 중심에서 호령하던 유능한 사람들이었다. 자존심이 강하여 비리와 타협하지 못하고 맞서 싸우던 고독한 표범 같은 선배님들이시다.

남편은 퇴직하고 처음 얼마 동안은 마음을 잡지 못하는 모습이었다. 새벽에 출근할 일 없으니 편안하다고도 했다가 마음대로 먹고 마음대로 잘 수 있어서 좋다고도 했다가, 자기 마음도 마음이 아니었나 보다. 오랜 시간 조직생활을 하다가 어느 날부터 규칙 없이 행동하려니 갈피를 잡지 못하는 것 같았다. 하루는 낚싯대를 챙겨나가고, 하루는 골프채를, 하루는 배낭을 메고 나가고, 그렇게 쉴 새 없이 나가도 허전해 했다.

남편처럼 제2의 인생을 시작하는 사람들이 많다. 확고한 정체성을 가지고 사회 일원으로 국가 발전과 가족 부양을 짊어졌던 가장으로의 길을 걸어왔다. 직장에 충실하느라 가족에게 소홀했던 그들은 잘못한 것 없이 주눅 들어 있다. 남편도 그들과 다르지 않다. 시키지 않아도 청소를 하고 부엌에 들어오면 큰일 나는 줄 알던 사람이 부엌에도 들어온다. 그런 모습이 낯설기는 나도 마찬가지다.

그들은 이제 중심에서 변방으로 자리를 옮겨 앉았다. 할 일이 없는 사람들이 아니다. 중심에 있는 사람들을 바라보아 주는 어른으로 돌아온 것이다. 민첩성도 떨어지고 아름다운 무늬도 윤기를 잃었지만 늙어도 표범이다. 힘이 빠진 표범이 아니라 세상을 관조할 수 있는 눈을 가진 지혜롭고 순한 표범이 된 것이다. 이제는 쫓기는 삶이 아니라 여유로운 삶, 시간을 지배하는 진정한 야성을 발휘할 수 있는 표범으로 돌아온 것이다. 삼십삼 년을 한 직장에서 일을 했다는 것은 그 일에 도가 튼 사람이다. 중심에서 변방으로 자리를 옮겨 앉은 어른이다. 그들이 진정한 표범이다.

대청봉에 오르다

종아리가 빼근하다. 몸은 천 근인데 가슴은 뜨겁다. 긴 대하소설의 마지막 장을 넘긴 기분이다. 더 늦기 전에 한 번은 해야겠다는 생각을 몸으로 실행했다.

설악산의 중심부 대청봉은 1708미터다. 장장 열다섯 시간을 걸었다. 남들보다 서너 시간 더 걸렸다. 그러나 해냈다. 해냈다는 만족감으로 뿌듯했다. 혹자는 그깟 대청봉에 갔다 온 것이 뭐 그리 대단한 일이냐고 할지 모른다. 각자 느끼는 감정이 다르니 그도 나무랄 수는 없다. 남편의 특별한 생일행사로 대청봉에 올라 보자 하여 따라 나섰다.

설악산의 첫걸음은 여고시절 수학여행 때이다. 그 후 여러 번 다녀왔다. 흔들바위, 울산바위, 비선대까지는 올랐다. 힘들다는 생각을 안했었다. 이번에 설악산의 진면목을 본 것이다. 큰 산의 힘을 유감없이 보았다. 출발할 때는 날씨가 화창했다. 그런데 대청봉까지 한 시간을 남겨두고 눈이 내리기 시작했다. 날씨가 변화무쌍할 거라는 예상은 했지만 당황스러웠다. 대청봉에 오르니 축복처럼 눈이 쌓였다. 첫눈이다. 대청봉 정상에서 산 아래를 내려다보았다. 구름으로 덮여 마치 구름에 떠 있는 듯했다. 춥기도 하고 올랐다는 기분도 잠시, 다시 중청봉 대피소를 향해 내려갔다. 중청봉 대피소에서 하룻밤을 묵었다. 밤새 눈보라가 쳤다. 새벽에 나와 보니 겨울 한복판처럼 눈이 쌓여있고 추웠다. 어둠이 채 가시기도 전에 중청봉 대피소를 나왔다. 아이젠을 신고 조심조심 걸었다. 내려오는 길도 만만한 곳이 없었다. 발걸음마다 트집을 잡는 길은 무섭게 까칠하고 거칠다. 3시간쯤 내려오니 눈이 없다. 다시 날씨는 언제 눈이 왔었던가 싶게 화창하다. 암석 봉우리가 다 드러나 능선의 풍경을 유감없이 보았다. 비경이다. 힘들게 오른 그만한 가치가 있었다. 그랜드캐니언이 설악산 속에 있고 겸재 정선의 진경산수화가 그대로 그려져 있다. 설악산은 큰 산이다. 많은 것을 품었다.

설악산 대청봉은 누구나 갈 수 있다. 그러나 아무에게나 허락하지 않는다. 아직 젊다고 큰소리치던 사람은 어디 가고 육십의 중노인이 힘겨워한다. 험준한 길을 함께 오르며 대자연의 위대함, 육체의 한계를 함께 느꼈다. 걸어왔던 길처럼 내려가는 길에서도 서로 배려하며 한 발짝 또 한 발짝 조심스럽게 옮겼다.

옥빛으로 투명한 물길에 몸과 마음이 덩달아 투명해진다. 기암절벽, 진경산수, 수정처럼 맑은 물이 있지만 손 한 번 담그는 것을 허락받지 못했다. 붉은 단풍잎이 돌길 위에 내려앉아 꽃길 같다. 삶에 조바심일랑 내려놓으란다. 계절이 지난 자리가 남긴 그리움이 발밑에서 바스락거린다. 하늘이 한없이 높은 가을날, 부부는 벗 삼아 길을 걸었다. 설악산의 가을은 단풍이 있어 더욱 풍요롭다. 그 거대한 산을 올랐다는 것만으로 벅차다. 고비 경험이다.

친구들이 대단하단다. 정상에서 기분 좋았느냐고 묻는데 좋았다는 말을 못했다. 다 올라왔구나 하는 안도감 그런 거였다. 내려와서도 흐느적거리는 다리를 쉬고 싶은 마음뿐이었다. 집에 와서 이틀쯤 지나 생각해보니 내가 해냈구나 하는 생각이 들었다. 걸을 때마다 종아리의 통증이 불편하다. 내가 언제 이렇게 뼈아프게 걸어 본 경험을 했던가.

꿈은 꾸는 것이 아니다. 행동하는 것이다. 설악산은 그냥 큰 산이 아니다. 작은 산이 도저히 흉내 낼 수 없는 웅숭깊은 힘을 가지고 있다. 비유하자면 대하소설과 단편 소설의 차이 같다고 할까.

대청봉에 오른 귀한 경험은 치열함 뒤에 느껴보는 달콤한 여유, 해냈다는 성취감이다. 다녀오는 것으로 세상에 대한 자신감이 생긴다. 죽을 만큼 힘들었지만 큰 산에 도전했다는 생각만으로도 기쁘다. 나는 두 팔 벌려 가을의 끝에서 부는 상쾌한 바람을 온몸으로 느낀다.

서른둘

묘적암
두 번째 서른
봄
꽃방
지붕이 날아갔다
거리공연
사진과 시와 음악을 만나다
큰손님
호강했다

묘적암

법당 문고리에 밀짚모자가 걸려 있다. 스님은 출타 중이시다. 마루에 중늙은이같이 덜 익은 호박 몇 덩이와 비들비들 말라가는 버섯 몇 개가 신문지 위에서 초가을 볕을 쬐고 있다. 부처님께 삼배 올리고 나도 마른 볕이 좋아 마루 끝에 앉았다.

묘적암에 오르며 귀한 것은 쉽게 손에 넣을 수 없고 기암절벽은 호락호락 허락하지 않는다는 것을 깨닫게 한다. 송림 사이로 시오리는 걸어와 돌계단을 밟고 올라야 비로소 일주문에 들어설 수 있다. 반가의 기와집 같은 묘적암, 머리를 숙이고 들어가야 하는 천장 낮은 법당에서 부처님을 알현할 수 있다. 관세음보살님과 후불탱화가 모셔져 있다. 그리고 나옹화상의 영정이 정성스럽게 모셔져 있다. 반질반질 윤이 나는 종이 장판과 온돌방이 주는 포근함이 법당이라기보다는 고향 집에 온 것처럼 따스하다.

기다리는 이도 없는데 세 번째 걸음이다. 초파일 전날 길을 잘못 들어 들르게 되었다. 길에서 할머니 한 분을 만났다. 대승사 가는 길을 물으니 거기보다는 묘적암이 기도의 효험이 있다며 같이 가잔다. 기도하러 가는 길도 아니고 할머니 혼자 걸어가시는 것을 그냥 지나칠 수 없어 모셔다 드렸다. 그런데 또 때가 되었으니 공양하고 가라는 말을 사양하지 못하고 부처님을 알현했다.

묘적암은 문경의 사불산 대승사의 말사 암자로 고려 말에 나옹선사가 출가하여 수행한 사찰로 유서 깊은 암자다. 그리고 성철, 서암스님처럼 덕이 높은 고승들의 수행처로도 유명하다. 1500년의 긴 역사에도 과하게 포장한 곳이 없다.

암자에서 보이는 앞산의 풍경이 싱그럽다. 뜰 위에 놓인 댓돌, 회색빛 고목이 과묵하다. 마당엔 나옹선사와 해인사의 전설을 담은 돌이 앉아 있다. '하루는 나옹이 상추를 씻고 있는데 가야산 해인사에 불이 난 것을 알고 상추 씻은 물을 해인사 쪽을 향해 뿌려 불을 껐단다. 불을 끄느라 늦게 온 나옹을 큰스님이 나무라자 나옹은 물그릇을 부딪쳐 물을 바닥에 쏟아버렸다. 그러자 그 물방울이 마당의 작은 바위에 부딪히더니 그 자리에 한자로 마음 심心자를 새겼다.'는. 내 마음이 탁해서일까 마음 심心자를 보려고 애를 써도 잘 보이지 않는다.

나는 왜 기다리는 이도 없는 묘적암을 찾아오는 것일까? 나옹선사, 성철스님같이 큰 어르신들이 머물면서 다스렸을 정신세계를 넘보려는 것도 아니다. 일주문에 새겨진 '불이문', 요사채에 걸려 있던 편액에 '일묵여뢰一黙如雷'라는 글귀가 나를 사로잡는다. 선과 악이 둘이 아니며 침묵은 곧 우레와 같다는 말. 고즈넉함을 즐기다 돌아오면서 생각했다. 나는 불자도 아니고 불경도 잘 모른다. 그러나 큰소리치는 사람보다는 침묵하는 사람이 더 무섭고 어렵다. 묘적암 마루처럼 편안함을 주는 곳이 곧 극락이다. 잠시 극락에 머무른 듯했다. 돌아서면 또 깨질지라도 잠시 묘적암에 머무는 동안 겸손한 마음이었다. 사람살이가 크면 큰 대로, 작으면 작은 대로 나름의 크기로 살아가는 것이다. 묘적암은 고승들의 큰 발자취처럼 엄숙하다. 체구는 작지만 진중하다. 검소하지만 누추하지 않다.

마루에서 몸을 말리고 있는 버섯과 호박, 법당 문고리에 걸려있는 밀짚모자가 출타 중인 스님을 기다리고 있다.

세상은 발자국을 떼어 놓는 곳마다 읽어야 할 책이 있다. 우리가 보지 못했으므로 그들의 가르침을 지나쳤을 뿐이다. 날이 어둑어둑 저물어 가고 있다. 구도자의 길처럼 숙연한 숲길을 천천히 걸어 내려왔다.

두 번째 서른

새해 첫날이다. 아침에 눈을 뜬 딸내미가 "엄마, 나 이제 서른이네. 엄마는?" 하더니 "우리 여행갈까요?" 느닷없이 여행을 가잖다. 자식이면서 친구이고, 때로는 보호자 같은 서른 살의 딸과 시류에 편승하지 못하는 엄마가 부산 해운대로 향했다.

바닷가에는 사람들이 많았다. 그들 사이에서 우리도 불쑥 떠난 여행이 마냥 즐거웠다. 새로 입사한 직장이 마음에 들어 일이 재미있다는 아이의 얼굴이 좋아 보인다. 서른 살의 젊음, 풋풋한 자신감이 부럽다.

나는 서른 살 때 한 남자의 삶에 이끌려가고 있었다. 그 남자의 성공이 내 인생의 성공으로 믿었다. 그런데 남자의 행보가 빨라질수록 우울했고 쓸쓸했다. 그 남자의 아내일 뿐 내 자존감이 없었다. 그즈음 이 아이를 낳았다. 딸을 낳았다는 말에 순간적으로 슬펐었다. 여자의 삶을 생각했던 것이다. 서른 중반까지 남매를 키우며 크게 부족할 것도 호화로울 것도 없이 지극히 평범한 삶을 살아갔다. 평온하던 삶에 바람이 불었다. 남편이 보증을 서준 것이 잘못되었다. 그 후의 삶은 거친 바다였다. 바람이 불고 파도가 쳤다. 결혼에 대한 환상은 파도처럼 하얗게 부서졌다. 걷고 또 걸어도 제자리 걷기만 하듯 답답했다. 인생에 대한 회의와 사람에 대한 미움으로 독을 품고 살았다. 곧 몰아칠 폭풍전야 같았다. 맥 놓고 산 시간이 길었다. 그때 유일하게 허기를 채웠던 것이 책을 읽는 일이었다. 마흔 살 넘어 가까이 지내던 지인의 권유로 충주사과백일장에 참가했다. 그 후

글을 쓰면서 차차 안정을 찾기 시작했다. 변함없이 평범하게 살아가는 것이 행복이라는 것을 그때야 깨달았다. 오랜 시간 파도에 끄들리며 살았다. 뒤돌아보니 나는 아이들을 키우면서도 할 수 있었던 일이 많았다. 그럼에도 할 수 없는 핑곗거리만 나열하며 입을 내밀고 살았다. 어리석었던 엄마의 부끄러운 고백을 딸에게 했다.

엄마가 되지 않았다면 지금의 삶은 아니었을 것이다. 아무리 퍼내도 아깝지 않은 사랑, 뼛속까지 아픈 통증, 인간으로서 느낄 수 있는 가장 절실하고 귀한 경험이다. 부모가 되어 보지 않은 사람은 진정한 인생을 살았다고 말하기 어렵지 싶다. 자식 때문에 휘청거리는 다리를 꼿꼿이 세워 걸었다. 벌써 시어미가 되었고 남편은 퇴직을 했다. 시간을 도둑맞은 것 같다.

나는 몇 줄의 글이 사람의 상처를 치유할 수 있다는 것을 안다. 상처 없이 가는 인생이 어디 있을까. 나에게 지난 10년, 1인 1책 수강생들과 함께 보낸 시간은 따뜻했다. 승옥 씨는 남편을 먼저 저 세상으로 보냈고, 명숙 씨는 암이라는 무서운 적과 싸우고 있었다. 자꾸만 엇나가는 자식 때문에, 고부갈등, 부부갈등으로 아팠던 사람들은 서로의 상처를 위로했다. 지금 상처를 안고 아파하며 살아가는 사람이 있다면 그들에게 연필을 들려주고 싶다. 생각해보면 저 바다에서의 삶이 나를 인간답게 만든 시간이다. 평온한 바다는 절대로 노련한 뱃사람을 만들 수 없다는 말이 있지 않은가.

내 삶의 행복과 불행은 나로부터 시작되는 것이다. 온실 속의 삶은 녹음된 파도 소리를 듣는 것처럼 지루할 것 같다. 매일 똑같은 반찬으로 차리는 밥상은 식욕이 생기지 않는다. 아프다고 누구 때문에 핑곗거리를 끌어다대며 머뭇거리다 흘려보낸 시간이 뼈아프게 아깝다.

바닷가를 걸으며 서른의 여자답게, 두 번째 서른답게 우리 멋지게 출발하자며 딸이 손을 꼭 잡는다. 따뜻하다. 어느새 여기까지 왔다. 귀가 순해진다는 이순耳順이다. 공자가 60세가 되어서 천지만물의 이치에 통달하고 듣는 대로 모두 이해할 수 있게 되었다는 데서 온 말이다. 내게 붙은 육십이란 숫자가 부끄럽다. 봄이면 설레는 마음으로 꽃을 찾고, 차 한 잔을 마셔도 분위기 좋은 곳을 찾는 철없는 여자다. 아직 시고 떫은맛을 우려내야 할 설익은 풋것인데 이순이란다. 화려한 인생을 꿈꾼 적 없다. 다만 좋은 삶을 살고 싶었다. 좋은 삶은 손끝에서 나오는 기술이 아니라 마음이 만드는 것임을 안다. 이제 서른의 열정은 없다. 두 번째 서른은 불씨를 꺼뜨리지 않는 온기를 지녀야 함을 안다. 뜨거움보다는 따뜻함이 좋은 것을 서른 살은 모르리라. 나는 따뜻함을 지켜가고 싶은 두 번째 서른의 첫날을 걷고 있다.

봄

요 며칠 바람이 심하게 불고 비가 내렸다. 오늘은 화창한 햇살이 눈부시다. 햇살의 유혹을 뿌리치고 오랜만에 마음잡고 컴퓨터 앞에 앉았다. 그런데 전화벨이 울린다. 반갑지 않게 받았다. 문우였다. 뚜렷한 용건 없이 그냥 봄이 오는 소리가 시끄러워 집 안에 있을 수가 없단다. 그 봄이 왜 나한테는 안 오고 그대에게만 오느냐 했더니 몸매 되고, 얼굴 되고, 성격이 좋아서 그렇단다. 배꼽 빠지게 웃었다. 함께 웃고 나니 내게도 봄이 오는 듯했다. 이런 문우의 안부 전화가 봄이다.

'벌써'라는 말이 잘 어울린다는 2월도 가고, 3월도 중순이다. 나는 문우와 통화 후 텃밭으로 나갔다. 아직은 냉기가 많은 바람이 무서워 목덜미를 싸맸다. 뒷짐 지고 느릿느릿 걷는 노인의 걸음으로 오는 그럭실의 바람에 봄이 들어 있다.

그럭실의 작은 텃밭은 우리 내외가 봄부터 가을까지 일하는 재미, 먹는 재미, 노는 재미를 배워가는 교실이다. 산에서 내려오던 식수도 겨우내 꽁꽁 얼어 있었다. 봄바람에 풀려 시냇물 소리를 내며 흐른다. 물소리만으로도 봄의 생기가 난다.

그럭실이란 지명 때문에 이곳에 터를 잡은 지 3년. 그럭실의 뜻이 궁금하여 면사무소에 갔었다. 문헌에 나와 있는 것은 글 읽는 소리가 억수로 많이 들리는 마을이었다고 한다. 그래서 글억실이었단다. 시간이 지나면서 우리말의 음운화 현상으로 그럭실이라 부르게 되었단다.

그럭실은 산속 오지다. 개발이 안 되었다. 새것이 없다.

서두르는 법도 없고 팔팔하게 날 선 소리도 없다. 사람도 집도 다 낡고 늙었다. 나는 그 느림이, 낡음이 좋다. 나도 이곳에서 세상일에 무뎌지며 여유롭게 나이 들어갈 것이다.

겨울이 끝을 내고 돌아간 텃밭은 황량하고 처참하다. 기진맥진 풀기 없이 누렇게 뜬 얼굴로 늘어져 있다. 겨울에서 새싹이 나오기 전, 봄의 얼굴은 참으로 볼품이 없다. 처참하게 말라버린 고춧대와 비닐을 걷어내고 검불을 긁어냈다. 봉두난발을 하고 있던 머리를 깎고 목욕을 시켜 놓은 듯 깔끔해졌다. 봄의 표정을 본 것 같다. 무엇인가 심고 싶은 마음이 생겨 즐겁다.

도시의 봄은 거리가 산뜻해지고 사람들의 생활은 분주해진다. 학생들은 새 학기가 시작되고 어른들도 옷을 차려입고 밖으로 나가는 일이 많아졌다. 바쁘다. 그러나 그럭실엔 아무런 수런거림이 없다. 조용하고 적막하다. 그럭실엔 봄다운 것이 없는 듯하다.

여기 낡고, 늙어서 볼품없는 그럭실에서 다시 내 인생의 봄날을 찾았다. 무엇을 심을까, 밭에 금을 긋는다. 상추, 오이, 쑥갓, 찾아오는 지인들 손에 몇 개씩 들려 보낼 수 있는 아삭이고추와 방울토마토도 심어야 하고 감자, 고구마, 도라지 등등 어림잡아 20종류는 심어야 할 것 같다.

그리고 진짜 심고 싶은 씨앗이 있다. 한 세 평쯤 심고 가꾸며 맛있게 먹고 싶은 글의 씨앗이다. 글의 싹이 잘 자라도록 정성 들여 흙을 만지는 마음으로 책을 읽고 글을 쓰며 여낙낙하게 살아갈 것이다. 나는 문우에게 얼굴도 안 되고 몸매도 안 되고 성격도 나쁜 나에게도 드디어 봄이 왔다고 했다. 어디서 찾았느냐고? 그럭실에 와보니 봄이 있더라고 했다. 수화기 너머로 들려오는 그녀의 웃음소리가 상큼하다.

꽃방

봄이다. 험한 혹한을 이겨내고 눈물겹게 봄꽃들이 피어난다. 노란 개나리가 종종거리며 담장을 밝힌 지 오래다. 벚꽃 잔치도 막바지에 달했다. 영산홍이 한창이다.

매일 아침 꽃을 받는다. 어제는 미나리아제비, 오늘은 애기똥풀. 이름도 소박한 봄꽃들은 은밀하고 조용한 아름다움을 품고 있다. 내일은 무슨 꽃이 올 것인가 기대된다. 봄, 여름, 가을, 겨울 사계절 하루도 쉬지 않고 꽃은 핀다. 우리 주변에 그렇게 꽃 종류가 많은지 몰랐다.

강 선생님이 꽃 사진을 찍어 올리면 신 선생님이 꽃말과 꽃의 전설을 보낸다. 우리는 꽃을 받고 인사를 나누며 하루를 시작한다. 사람들은 댓글을 달아 고마움을 남기고 안부를 전한다. 꽃을 보내는 마음도 즐겁고 받는 마음도 기쁘다. 우리는 많은 이들과 교감하면서 살아간다. 꽃으로 만나는 방 내 나름으로 이름을 지었다. 150여 명, 각양각색의 사람들이 모였다. 글을 쓰고, 그림을 그리고, 노래하고, 연주하고 회사에 다니고 학교 선생님, 기업체 사장님, 술을 빚는 장인 각자의 자리에서 일한다. 하는 일은 다르지만 우리는 아침마다 같은 꽃으로 시작 한다. 두 분의 수고로움으로 즐겁게 하루를 시작한다.

처음엔 아침마다 카톡 카톡 메신저 알람 소리가 성가셨었다. 지금은 연인의 편지를 기다리는 마음으로 전화기를 연다. 아침마다 소통한 지 일 년이 지난 어느 날이었다. 매일 받던 꽃소식이 끊겼던 적이 있었다. 갑자기 무슨 일인가 궁금했다. 꽃이 떨어졌나? 꽃 배달하는 선생님이 어디 불편하신 건 아닌가 하는 걱정을 했었다. 아침마다 받던 꽃이 오지 않으니 금단현상처럼 허전하고 불안했었다.

꽃말을 알고 꽃의 전설을 듣고 사람들은 각자의 가슴에 있는 추억을 떠올렸다. 들꽃은 소통이고, 사랑이고, 유년의 추억이다. 관심이고 스승이다. 말 못하는 꽃에도 함부로 해서는 안 된다는 엄중한 가르침이 있다.

누구나 살면서 꽃 선물을 받아 보았을 것이다. 나도 많이 받았다. 내 나이만큼의 장미 꽃다발도 좋았고 가을 어느 날 두 손으로 받기 벅찰 만큼의 국화 아름도 좋았다. 토끼풀로 만든 화관을 받았던 기억이 가장 따스하다. 내게 화관을 만들어준 그녀의 진한 향기가 토끼풀처럼 그대로 전해졌다. 어느 화려한 꽃다발보다 오랫동안 고마움으로 남아 있다. 꽃을 주는 마음은 사랑이다.

저 홀로 핀 작은 들꽃을 보며 사람들은 위로받는다. 우리는 늘 누구의 관심 속에서 살고 있다. 몇 달 만에 연락해도 어제 만난 듯 어색하지 않은 사람, 매일 접하지만 거리감을 느끼게 하는 사람, 자주 연락은 하지 않지만 그래도 연결하고 있는 사이, 또는 매일 얼굴 보면서도 먼 사이, 가끔 만나지만 좋은 사람 꽃 종류만큼 다양한 사람들과 다양한 관계로 살아간다. 살아가는 일은 그런 것이다. 꽃방은 꽃으로 소통한다. 이름도, 나이도, 하는 일도 잘 모른다. 그냥 꽃방에서 꽃을 보면서 느끼는 감정으로 소통한다. 두 분 선생님 덕분이다.

꽃은 며칠 피고 나면 시든다. 아무리 예쁜 꽃을 피웠다 한들, 아무리 수려한 꽃을 피웠다 한들 사람들 가슴에 핀 사랑만큼 오래오래 피어있으랴. 영원히 시들지 않는 꽃방이다. 꽃으로 만나는 방의 다양한 사람들은 이방에 있는 자체로 꽃이 된다. 꽃으로 만나지만, 마음을 나누기에 더 따뜻한 방이다. 아침에 눈을 뜨면 오늘은 무슨 꽃이 어떤 전설을 담고 배달되었을까 궁금해 핸드폰을 켠다.

지붕이 날아갔다

밭에 가서 여유를 부리는 것은 농막의 마루와 산에서 내려오는 물 때문이다. 그런데 4월에 불었던 태풍에 농막 지붕이 날아갔다. 햇볕을 가려 주던 그늘이 없어진 것이다. 달포를 지붕 없이 지냈다. 세 평 지붕이 날아가 버리니 비가 와도 들어갈 곳이 없고 뜨거운 햇볕을 피할 그늘이 없다. 밭에 가는 일마저 뜸해졌다. 농사를 업으로 삼지는 않지만 봄에 부지런히 씨앗을 놓아야 한다. 하루가 아쉬운 시간이다. 지붕이 날아갔다는 것은 집 전체가 흔들리는 일이다. 행복하게 살던 어느 날 느닷없이 닥쳐온 불행이 이와 같으리라. 허술했지만 농막의 존재가 컸다. 비 오는 날은 비를 핑계 삼아 마루에 앉아 커피를 마시며 앞산에서 벌이는 초록의 향연을 즐기던 낭만의 시간이 있었다. 바쁜 봄 판에 농막 지붕이 날아가 버린 것이다.

파란색 플라스틱 슬레이트의 초라하기 짝이 없는 지붕이 늘 마땅찮았다. 파란색은 바래고 벗겨지고 군데군데 구멍도 났었다. 그 초라함에 불만을 하면서도 그 아래서 밥을 먹고 낮잠을 즐겼다.

지인에게 지붕이 날아가 불편하다는 이야기를 했다. 그랬더니 그가 들려준 이야기다. 사이가 좋지 않았던 노부부가 있었단다. 둘이 헤어지기만 하면 행복할 것 같았단다. 싸우다 싸우다 헤어졌단다. 그런데 석 달도 못 가서 후회를 했다는 이야기다. 곁에 없어 봐야 비로소 서로의 소중함을 안다는 것이다. 내 손에 쥐고 있을 땐 그 가치를 모른다. 오랜 시간 비바람에 시달리고 뜨거운 햇볕을 막아주던 그

그늘이 이렇게 절실했다는 것을 나도 어리석어 지붕을 잃고 비로소 귀함을 깨닫는다.

고맙단 생각은커녕 가난해 보이는 지붕을 언제 뜯어내고 새 지붕으로 교체할까 궁리를 했었다. 그런데 막상 지붕이 날아가 버리니 아쉬움이 크다. 언제든지 찾아가면 반갑게 맞아주고 차를 마시며 수다를 떨어도 편안했던 그런 친구가 어느 날 말없이 가버린 것 같은 서운함과 배신감, 그리움 같다고나 할까.

이참에 다 뜯어내고 새로 지을까 궁리를 많이 했다. 그런데 막상 새로 지으려니 판을 크게 벌여야 할 것 같다. 경제적으로도 부담스럽고 번잡스러운 것도 싫어 그냥 보수해서 쓰기로 했다. 한편으로 오래된 것에 대한 애착을 버리지 못하는 성격도 한몫했다. 하늘 한 조각 가리는 일이 이리 복잡하단 말인가. 동네 사람들의 도움으로 농막의 지붕을 다시 올렸다. 잠시 내 곁을 떠났던 친구가 제자리로 돌아온 듯 반갑고 기쁘다.

지금 그럭실엔 봄볕이라고 하기엔 너무나 강렬한 햇볕이

내리쬔다. 업은 아니지만, 농막은 내 일터이자 휴식처다. 밭에서 허리 꼬부려 채소를 심고 가꾸는 일을 하다가 힘이 들면 마루에 벌렁 누워 쉬는 맛을 어디에 비할까. 비록 양철로 지붕을 올렸지만 이제야 살 것 같다. 푸근하고 편안하다. 부족해 보이는 것이 나답다.

지붕이 없었던 농막에 서서 많은 생각을 했다. 지붕이 날아간다는 것을 상상이나 해 보았겠는가. 부모는 자식들에게 부부는 서로에게 지붕이다. 그동안 부모님이 만들어 주신 지붕 아래서 비바람을 피하고 살았다는 것을 아는데 참 많은 시간이 걸렸다. 올여름 장마철 양철 지붕 위로 쏟아지는 빗소리를 들으며 여름 더위를 조롱해볼 참이다. 볼품은 없어도 내게는 소중한 농막이다. 곧 여름이다.

거리공연

성안길 로데오 거리에서 우스꽝스런 옷과 도구들을 가지고 사람들의 시선을 모은다. 거리공연을 하기 위해서다. 지금 청주에서 하는 대한민국연극제를 알리기 위한 행사로 성안길에서 행사기간에만 행해지는 공연이다.

일본 배우 교모토지에미의 익살스런 안경과 가발과 강렬한 개그 캐릭터로 마임공연을 한다. 안동윤의 비누방울쇼는 어른과 아이들의 시선을 사로잡았다. 나는 방관자처럼 곁눈으로 보고 있었다. 한 젊은 사람이 너무나 즐겁게 즐기기에 말을 걸었다. 그의 대답이 놀랍다. 하루 일을 마치고 돌아가는 길에 공연을 본 것은 하루치 고생을 보상 받는 기분이라고 한다. 어떤 사람은 맨바닥에 철퍼덕 주저앉아 넋을 잃고 구경을 한다. 공연을 하는 옆에서 음료를 파는 아주머니는 손님을 반기기는커녕 얼른 사라고 재촉을 한다. 곧 공연이 시작할 거라며 물건 파는 건 건성이고 공연에만 정신이 팔려있다. 나는 생리적 목이 마른데 이분은 공연, 볼거리예술에 목이 탔구나 싶다. 즐길 줄 아는 그들은 좋아 보이면서도 나는 즐길 줄을 몰랐다. 거리공연은 일상에 지친 사람들에게 문화의 갈증을 해소시켜 주는 청량음료가 아닌가 싶다. 이렇게 좋아하니 거리공연을 하는 배우들도 힘을 얻지 싶다. 그들의 몸속에 집시의 피가 흐르고 끼가 넘쳐서 길거리로 뛰쳐나온 사람들이라는 내 생각은 무너졌다.

이번 거리공연에서 부토 무용가 서승아 씨를 만났다. 생소하기만 한 부토 춤은 '임종을 맞은 사람이 몰아쉬는 마지막 숨, 혹은 일어나려고 몸부림치는 시체의 움직임을 묘사하는 춤'이라고 한다. 원로 부토 무용가인 오노 가즈오는 "부토 무용수는 자신이 소우주의 중심이 되어 우주의 힘을 몸속으로 끌어당긴다. 그러므로 부토는 곧 우주 자체"라고 말했단다. 그의 말대로 영혼이 움직이는 것을 온몸으로 표현하는 것을 부토 춤이라고 한다. 서승아 씨는 우리나라 최초의 부토 무용가라고 한다. 그의 남편도 거리공연 배우다.

서승아 씨는 거리에서 공연을 하다 보니 주변 상인들과 불편할 때가 있단다. 생계에 대한 위협은 누구도 양보할 수 없는 전투라며 그들이나 자기나 똑같이 노점상이라고 말한다. 조화롭게 공존해야 한다며 주변 상인들의 마음을 다독이며 함께 즐긴단다.

거리공연을 하는 사람들, 그들은 철저한 프로다. 그들이야말로 자기 인생을 자기가 주도하면서 사는 것 같다. 음악회나 연극공연을 자주 본다. 그러면서도 거리공연을 하는 배우들이 측은해 보였는지 모르겠다. 겉으로 보이는 것이 전부가 아니라는 것을 알면서도 내 시야는 어떤 한계선을 넘지 못했다. 각자 가지고 있는 훌륭한 끼를 발산하며 살아간다. 그리고 그 뜨거운 날씨에도 정말 열심히 하는 모습에 존경심이 생긴다. 거리에서 공연하면서 저리 행복할까 싶기도 하겠지만 그들의 표정은 행복하다. 사람들이 박수쳐주고 웃어주면 한없이 행복하다는 순박한 사람들이다.

그들의 열정은 유월 땡볕처럼 뜨겁다. 거리공연은 배우와 관객이 함께 즐기는 문화다. 공연장이 아닌 거리로 나온 예술, 예술가와 관객이 하나되는 공연, 비계획성의 묘미를 즐기는 예술이다. 거리에 활기를 넣어주고 서민들이 일상에서 여유를 즐기고 문화적 흥취를 느끼도록 하기에 충분하다. 오늘도 성안길에서 버블쇼를 하고 있다. 오색의 풍선 방울이 하늘을 메운다. 어른, 아이 가리지 않고 박수를 치며 좋아한다. 그 불편한 장소에서 배우, 관객 모두가 즐겁게 웃는다. 거리공연은 젊음이다. 용기다. 자유다. 몇 사람만 모여 있어도 앞에 나서는 것이 부담스러운 나로서는 그들의 용기가 부럽다. 그들에게 뜨거운 박수를 보낸다.

사진과 시와 음악을 만나다

독서, 여행, 일, 사랑 무엇을 해도 좋은 계절이다. 하루를 이틀씩 쪼개서 쓰고 싶은 마음이다. 오전엔 말라가는 정신을 살찌워 보려고 인문학 강좌가 있는 대학을 찾았다. 강의실 로비에서 사진 전시회를 하고 있었다. 독서의 계절답게 책에 대한 사진들이다. 설명이 있는 사진 전시회. 사진도 좋았지만 글도 맛깔나게 써놓아 보는 재미가 더 있다. 나무그늘에 앉아 책을 읽는 소녀의 예쁜 모습, 할아버지가 손자에게 책을 읽어주는 흐뭇한 장면, 석양을 배경으로 남녀가 벤치에 앉아 책을 읽는 역광으로 찍은 사진도 멋지다. 책이 천장까지 쌓여있는 좁은 복도에 대학생인 듯 보이는 청년이 책 속에 묻혀 있다. 손엔 책이 들려있고 시선은 또 다른 책을 고르고 있는 사진 앞에서 발이 멈췄다. 사진 아래 "살다 보면 내가 옳은 길을 가고 있는지 확신이 안 설 때가 종종 있다. 책에는 나침판이 있다기에 서점에 가 보았다. 웬걸, 나침판이 너무 많아 결국 길을 잃었다."라고 쓰여 있다. 그래 살다보면 이런 때가 있지. 잘 가고 있는지, 너무 멀리 온 건 아닌지 가르쳐 주는 사람도 없고 눈으로 확인할 수도 없다. 선생님이 책에 길이 있다 하셨는데 길은 보이지 않고, 어디로 가야 할지 묻고 싶을 때가 있다. 사는 일은 정답이 없다. 책이 나침판일 때가 있다.

초등학교 다닐 때는 책을 읽으며 훌륭한 사람이 되겠다고 다부지게 꿈을 꾼다. 중학생이 되면 정의에 불타 절대로 불의와 타협하지 않겠다고 다짐한다. 그러나 고등학생만 되어도 현실을 직시한다. 신이 다할 수 없어 이 세상에 어머니를 보내셨다는 말처럼 '선생님이 다 가르칠 수 없어 책을 만들었나 보다.'라고 했더니 옆에 있던 문우가 웃는다.

오후엔 미동산 수목원에서 청주문인협회 행사로 시민과 함께하는 문학의 향연 행사가 있었다. 시낭송, 성악, 색소폰, 트럼펫, 국악 등 다양한 공연을 했다. 나도 시낭송을 했다. 무슨 행사든 자리를 빛내주기 위해 기관장, 정치인이 참석한다. 오늘도 예외는 아니었다. 축사를 하고 본인 순서만 지나가면 그들은 하나같이 자리를 뜬다. 지금까지 수많은 행사를 치렀지만 끝까지 남아서 시민과 함께하는 인사를 별로 보지 못했다. 그런데 행정부지사께서 끝까지 자리를 지켜주셨다. 그분이라고 바쁘지 않아서 함께했다고 생각하지 않는다. 문화의 향기를 시민과 함께 즐길 수 있는 공직자라면 믿고 따라도 되지 않을까 생각했다. 행사를 하는 우리도 더 즐겁고 힘이 났다. 짧은 가을해가 설핏해지니 쌀쌀해졌다. 문인협회 회원들은 따뜻한 차를 끓여 오신 분들을 대접했다. 따스한 온기가 행사장을 덥혔다. 300여 명의 시민과 협회 회원들은 끝까지 함께한 서로에게 박수를 보냈다. 짧은 가을볕이 아쉽다.

바쁜 일상 속에 살지만 하루쯤은 여러 문화와 접할 수 있는 시간을 갖는 것은 삶의 질을 높이는 일이다. 사진과 시와 음악이 있던 하루 가슴을 꽉 채운 이 느낌, 가슴으로 훈훈한 온기가 퍼진다. 책에만 길이 있는 것이 아니다. 책 속에 묻혀 있던 사진 속 청년에게 문학의 밤 행사에서 베이스로 들었던 〈모래시계〉ost 〈백학(Gamzatov)〉을 이 가을에 한 번 들려주고 싶다. 계절을 느껴보라고 하고 싶다. 몇 시간이 지났지만 아직도 내 입속에서 맴도는 백학의 음률, 음 음 음 음~~~.

큰손님

마음이 분주하다. 서른을 넘긴 아들이 여자 친구를 초대한단다. 더할 수 없이 기쁘고 설렌다. 어떤 아가씨일까. 커피가 좋을까, 녹차가 좋을까 일은 손에 잡히지 않고 마음만 콩을 볶는다. 청소 검열을 할 것도 아닌데 커튼 빨기, 목욕탕 청소, 화분 정리에 베란다 창틀 하나하나 문갑 위의 소품들 먼지 털기 등등 청소하느라 힘을 소진했다. 생각해보니 내 생애 이렇게 귀하고 어려운 손님을 맞이한

적이 있었던가 싶다.

나는 시집올 때까지 3대가 함께 사는 가정에서 자랐다. 그러니 집에는 늘 손님이 있었다. 특히 서울에 사시는 작은할아버지 식구들이 큰손님이었다. 서울에서 손님이 오면 어머니는 긴장하셨다. 없는 살림에 어려운 손님이 오신다니 그럴 수밖에, 오십 년 전 내가 어릴 때는 서울이 황금의 도시, 마법의 도시인 줄 알았다. 한때 우리가 미국을 꿈의 나라로 생각한 것처럼 시골에 살던 나는 서울이라는 곳을 미국쯤으로 상상하며 살았던 시절이 있었다. 그리고 큰고모가 부산으로 시집을 가면서 고모부가 오신다는 연락이 오면 어머니는 술을 담그셨다. 집에서 담근 술을 좋아하시던 큰고모부가 오시면 그 술을 대접하는 것을 보았다.

아들이 결혼하고 싶은 사람이라는데 뭘해야 할지 허둥대기만 했다. 한 번의 달콤함으로 무엇을 얻고자 함인가, 말끔하게 청소하고 진심으로 반갑게 맞이하는 것이 가장 좋은 손님맞이이리라. 두 손으로 하늘을 가린다고 가려질 것인가, 있는 그대로 보여 주자 생각하기로 했다. 한 사람을 가족으로 받아들이는 첫 만남이다. 나의 시어머님도 내가 인사 왔을 때 이러한 마음이셨을까. 그때는 나 어려운 것만 생각했지, 어른들 어려움은 생각하지 못했었다. 자식이 상전이라더니 상전 중에서도 상전이다.

우리 집은 그동안 사는 게 녹록지 못해 번듯한 가구 하나가 없다. 시집올 때 장만한 장롱을 30년째 그대로 쓰고 있다. 다른 가구들도 별반 달라진 것이 없다. 지금까지 쓰면서도 초라하다는 생각을 못 했다. 그런데 오늘은 좀 걸린다. 우리 집은 화려한 가구로 장식하기보다는 웃음으로 채워진 집이라고 자부하면서 살았다. 막상 아들이 손님을 데리고 온다 하니 왠지 넉넉하지 못한 살림이 부끄럽고 미안한 생각이 든다. 아무튼 복잡하고 어렵다.

누구를 만족하게 한다는 것도 욕심인 듯하다. 나는 아들의 여자 친구를 내 마음을 다해 반갑게 맞이했다. 몸집이 작고 예쁜 그 애는 과일 하나하나를 포장해서 저보다 더 큰 과일바구니를 만들어 들고 왔다. 아마 자기가 할 수 있는 정성을 다한 것 같다. 손님이 돌아가고 스멀스멀 몸살기로 온몸이 나른하다. 큰손님 치렀다. 몸은 천근인데 환하게 웃던 그 애의 얼굴이 자꾸만 생각난다. 또 언제 올까 기다려진다.

호강했다

요 며칠 호되게 추웠다. 오늘은 추위가 좀 누그러졌다. 팔순의 친정 부모님은 춥지 않아도 겨울이면 바깥출입이 불편하시다. 영하 10도를 넘나들었으니 꼼짝 없이 집안에 계셨다. 답답해 하시는 두 분을 모시고 물 좋은 곳에서 온천욕을 시켜드리고 점심을 사드렸다. 점심을 드시며 어머니께서 "큰딸 덕에 호강했다. 고맙다." 하신다. 세상을 다 내려놓으신 평온한 표정이다. 호강이란 말에 코끝이 맵다. 호강했다는 말을 입속에서 우물거려 본다.

어머니의 젊은 날은 고단하셨다. 시부모님, 시누이, 시동생들까지 열서너 명이 함께 사는 집안의 맏며느리. 아버지는 회사에 다니셨지만 월급으로는 식구들 양식밖에 안 되었단다. 그래서 어머니는 돼지를 키워 고모와 우리들 학비를 마련했다. 나무를 때서 식구들 밥을 지었고 찬물에 빨래를 했다. 할아버지 바지저고리를 지어드렸고 이불빨래는 풀을 먹여 다듬이질을 해야 했다. 그때 나는 옆에서 이런 것 안 하면 안 되느냐고 투덜거렸다. 지금 같으면 고물상에서나 볼 수 있는 양은 냄비를 지푸라기로 닦을 때도 더러워진 냄비를 버리고 새로 사라고 했다. 나는 시집가면 이런 일 안 하고 살 거라고 했다. 서울에는 수도꼭지에서 뜨거운 물도 나온다더라 하시며 너는 부잣집으로 시집가서 그리 살아라 하셨다. 어머니는 당신 딸들은 절대 맏며느리 자리는 안 된다는 말을 입에 달고 사셨다. 그런데 두 딸 모두 맏며느리 자리로 시집을 갔다. 세월은 어느새 어머니가 딸들을 걱정했던 나이로 데려왔다.

고등학교 다닐 때 일이다. 수학여행을 가는데 용돈을 많이 달라고 마루 끝에서 온종일 골질을 했다. 아침나절 시작하여 날이 어둑해질 때까지 밥도 안 먹고 마루 끝에 앉아 있었다. 어머니 속상한 건 안중에도 없었다. 집에 돈이 없다는 생각은 못했다. 수학여행이라는 말이 나오면 마냥 웃을 수 없는 슬픈 그림이다.

어머니 말씀대로 하면 지금 우리는 모두 호강하며 사는 것이다. 집집마다 수도꼭지만 누르면 뜨거운 물이 줄줄 나오고 빨래도 세탁기가 해주고 세척기에 그릇만 넣고 버튼만 누르면 깨끗이 닦여져 나온다. 어머니의 젊은 날에 상상이나 했던 일인가. 우리는 그렇게 살면서도 호강하며 산다고 생각하는 사람이 몇이나 될까. 한 집에 차가 한 대가 아니라 각자 한 대씩 가지고 다니면서도 만족하지 못하고 더 많은 것에 욕심을 내며 산다. 물질은 풍부하여 몸은 호강을 하고 있는지도 모르겠다. 마음을 조금만 너그럽게 가지면 행복이 내 주변에 머문다는 것을 잊고 산다. 무엇이 부족하여 이리 허덕이며 사는지. 잘 먹은 얼굴은 번지르르

하고 몇백만 원 하는 모피를 입고도 추위에 떤다.

여유를 갖지 못하는 것은 나도 마찬가지다. 바깥출입이 불편하신 두 분을 모시고 바람 쐬어 드리는 게 가끔은 숙제처럼 느껴질 때도 있다. 자식들의 수고로움이 미안하여 먼저 나가고 싶다는 말씀도 못하신다. 많은 식구들 뒷바라지를 다 하시던 어머니는 이제 힘이 부쳐 당신 몸을 다른 사람의 손을 빌려 닦은 것도 호강했다 하신다. 설 명절도 지나갔다. 이제는 겨울이 서서히 물러갈 채비를 한다. 따뜻한 봄날, 꽃을 좋아하시는 어머니 모시고 섬진강 꽃길을 끝없이 달릴 것이다. 생각만으로도 꽃이 피어난다.

서른둘 반

- 서른 살 여자 이야기
- 크로아티아 여행

서른 살 여자 이야기

(딸) 변은혜

엄마만 믿고 충동적인 마음 반, 설레는 마음 반으로 크로아티아행 항공권을 끊었다. 나를 힘들게 하는 생각들을 거기 버리고 오길 바라는 엄마의 바람이었다. 그렇게 간단히 버릴 수만 있다면 수십 번은 더 충동적인 여행을 했을 것이다. 버린다는 것은 말처럼 쉬운 일이 아니다.

비행기가 경유지인 프랑크프루트 공항에 도착하자 유럽이란 걸 실감했다. 달라진 공기에 피부까지 긴장한다. 바짝

당기는 얼굴을 한번 쓱 문지르고 엄마 손을 잡고 환승게이트를 찾았다. 익숙한 것에서 벗어나니 모든 게 새롭다. '그래 이래서 내가 여행을 다녔었지.' 엄마도 내가 느꼈던 기분을 느끼게 해드리고 싶었다. 모든 걸 다 뒤로하고 새로 시작하는 기분. 지금까지 힘들었던 일들이 다 아무것도 아닌 기분이 들었다. 나보다도 더 바짝 긴장한 엄마를 살피고 사진도 찍어 드리고 배는 고프지 않은지, 많이 피곤하지 않은지, 확인을 하고 또 다시 목적지 자그레브행 비행기를 탔다. 늦은 밤 도착한 자그레브는 차갑고 낯선 도시였다. 외국인이 무섭다는 엄마에게 괜찮다고 말했지만 사실 늦은 밤, 낯선 도시는 내 발걸음을 조심스럽게 한다. 무사히 숙소에 도착하니 허기가 밀려왔고 따듯한 샤워가 고팠다. 한 침대에서 엄마랑 같이 누워 내일 일정을 상의하고 잠자리에 들려 하니 갑자기 설레는 마음이 벅차 한참을 깔깔대며 잠들지 못했다.

이제는 잘 기억도 나지 않는 십대 즈음에 엄마랑 서울 대학로에 갔던 적이 있다. 그때 나에게 서울은 유럽 어느

나라만큼 낯설고 무서운 곳이었다. 아마 엄마에게도 나만큼은 아니었지만 충분히 낯선 도시였으리라. 엄마 손을 꼭 잡고 쭈뼛거리며 낯선 도시를 구경했다. 촌스러워 보일까 걱정됐고 눈감으면 코를 베어 간다던 곳이라기에 어지간히 긴장했던 기억이 있다. 지금은 서울에서 직장을 다니며 서울 정도는 우습게 혼자 돌아다닌다. 그때의 나를 생각하니 어쩌면 엄마도 그때 나처럼 긴장되지 않을까 엄마가 문득 안쓰러웠다.

여행 3일째 설렘으로 여행이 조금 익숙해질 무렵 크로아티아의 수도인 자그레브를 떠나 두브르 브니크로 향했다. 민박이 호텔만큼 잘 발달되어 있고 올드타운과 매우 가깝고 가격도 저렴해서 많이들 이용한다는 정보가 많아 사이트를 통해 민박을 예약해 두었다. 그런데 예약해 두었던 민박집이 폐허가 되어 있었다. 머릿속이 하얗고 겁이 났다. 늦은 밤 피곤한 엄마가 너무 안쓰럽고 미안했다. 근처 호텔은 하룻밤에 60만 원이란다. 그래도 하룻밤에 60만 원짜리 방을 덥석 잡지 않을 정신 줄은 잡고 있었나 보다. 한밤중

에 인터넷을 찾아 숙소를 잡고 택시비를 두 배나 주고 새벽 1시가 넘어서야 짐을 풀 수 있었다. 긴장이 풀렸는지 눈물이 쏟아졌다. 잠깐 사이에 10년 늙은 기분이었다. 그 뒤로도 렌트카를 긁는 일 등등 긴장의 연속이었다. 가는 식당마다 메뉴가 똑같고 하나같이 맛없었다. 끼니때마다 뭘 먹을지 긴장해야 했다. 김치 대신 피클이라도 있어야 엄마가 밥을 잡수시는데 이놈의 피클은 왜 식당에 두지를 않는지 원망스러웠다.

낯선 도시에서 엄마와의 여행은 가이드가 되어야 했고, 네비게이션이 되어야 하고, 통역사가 되어야 하고, 사진작가 겸 모델도 되어야 하며, 좋은 친구도 되어야 했다. 그럼에도 엄마와의 모든 시간이 행복했다. 두브로브니크 호텔에서 모녀 삼대가 아침 먹는 모습을 보며 부러웠다. 화려한 조명에 반짝이는 밤바다를 보며 많은 얘길 나누었다. 지나가는 사람을 보며 깔깔거리며 웃고, 비 오는 날 엄마와 나, 둘뿐인 근교 조그만 섬에서의 하루는 어느 화려한 관광지보다 좋았다. 엄마가 더 좋아졌고 우리는 더 가까운 친구가 되었다. 세상에 엄마보다 더 좋은 친구는 없었다. 이번 여행의 진미는 관광지의 역사와 경치는 중요하지 않다. 엄마와 함께한 내 서른 살의 추억이다.

사람 마음이 물건처럼 버려두고 올 수는 없기에 엄마가 바랐던 것처럼 마음에 있던 힘든 것들을 다 내려두고 오지는 못 했다. 그렇지만 힘든 일이 생각날 때는 언제나 엄마와의 여행도 함께 떠올라 미소 지으며 그 시간에 머무르지 않고 앞으로 나갈 수 있다. 언제나 그렇듯 버리는 일은 쉬운 일은 아니다. 버리지 못 한다면 잘 정리하는 방법을 배우면 된다. 언젠가 필요할 때 꺼내 쓸 수 있도록 말이다.

크로아티아 여행

크로아티아로 여행을 다녀왔다. 여행에서 돌아와 지인들과 얼큰한 복매운탕으로 저녁을 먹고 커피를 마시며 두서너 시간 수다를 떨었다. 입에 맞는 음식을 먹고 내가 말할 수 있으니 살 것 같았다. 입에 맞지 않는 음식과 입과 귀가 있어도 말을 할 수도 들을 수도 없는 답답함으로 지냈던 며칠이 몇 달처럼 길게 느껴졌다. 제한된 시간이므로 견딜 수 있었던 것 같다. 아마 지금부터 내 생을 마치는 날까지 이렇게 낯선 나라의 도시로 돌아다니며 살아야 한다면 미쳐버릴지도 모르겠다. 여행이 재미없었던 것은 결코 아니다. 해외여행을 많이 해보지 못한 나로서는 낯선 도시와 색다른 음식과 이색적인 건축물들 모든 것이 신기하고 놀라웠다.

두브로브니크에서의 3일은 로마 시대로 잠시 여행을 나온 듯했다. 그때 지은 건축물에서 지금도 사람이 살고 있다. 그 오래된 도시를 둘러싼 푸른 바다는 매혹 자체였다. 딸은 이곳에 오면 없던 사랑도 생기겠다고 했다. 우리는 바다가 보이는 카페에서 커피도 마시고 긴 해변도로를 손을 잡고 걸었다. 아무에게도 방해받지 않는 이 시간, 우리는 큰 소리로 한참을 깔깔거리며 웃었다. 딸아이의 무거웠던 마음이 조금은 가벼워진 듯하다.

여행 4일째부터는 차를 렌트했다. 여자 둘이서 낯선 나라, 낯선 도시, 낯선 차로 이동한다는 것은 모험이다. 절벽에서 바다를 보며 달리는 일은 상상을 하거나 영상으로 볼 때는 멋져 보이지만 현지에서 행동하는 것은 오금이 저리

는 일이다. 두브로브니크에서 플리트비체까지 4시간을 이동했다. 영화 〈아바타〉의 배경이었던 플리트비체 국립공원의 자연은 잊을 수가 없다. 5시간을 걸었지만 힘들거나 지루하지 않았다. 신의 영역이 이러할까. 신의 눈물이 이렇게 맑을까. 태초의 세상이 이러했으리라. 그 맑은 물에 손을 담그면 손이 오그라들 것 같아 조심스러울 지경이었다.

딸과 떠난 여행, 딸은 생기가 돈다. 딸은 자유로웠지만 나는 바보가 된 것 같다. 궁금한 건 많고, 글은 모르고, 되풀이해서 묻자니 자존심 상하고, 모르는 채 돌아서는 것은 용납이 안 되고, 딸아이는 열과 성을 다해 통역해 주지만 내가 직접 읽고 알아듣는 것만 하랴. 직접 읽고 말하지 못하는 답답한 여행은 잠깐씩 짜증이 났었다.

여행의 마지막 날은 비행기 경유 시간 때문에 독일에서 하루를 머물게 되었다. 말로만 듣던 독일의 안개를 보았다. 안개가 자욱한 도시의 거리를 걸으며 딸아이가 "엄마 도시가 우울해요." 한다. 순간 ≪그리고 아무 말도 하지 않았다≫의 작가 전혜린의 쓸쓸함, 그 빼근함이 가슴으로 들어왔

다. 한때 내 정신 세계를 지배했던 그녀다. 그녀의 사랑, 이별, 공부, 죽음까지 모든 게 다 아름다워 보였었다.

낙엽이 뒹구는 거리, 오래된 건물과 회색빛 안개 머리 하얀 노인들이 지팡이를 짚고 걸어가는 뒷모습이 뒹구는 낙엽처럼 쓸쓸해 보였다. 딸아인 도시가 우울해 보인다고 했지만 내가 우울했다.

우리는 살면서 가깝거나 혹은 먼 곳으로 여행하게 된다. 나는 먹고 즐기는 여행보다는 경치도 좋지만, 역사가 깊은 건축물이 있는 오래된 도시나 그림을 볼 수 있는 곳이 좋다. 꼭 가보고 싶었던 크로아티아였지만 언어의 단절은 우울했다. 열흘간의 여행을 마치는 아침은 아쉽지 않았다. 어쩌면 한마디 말도 해보지 않은 이국 사람들과의 이별처럼 덤덤했다. 시간이 지난 후 깨끗한 바다와 조용한 햇살이, 오래된 도시의 풍경이 그리움이 될지 모르겠다. 그러나 지금 내가 할 수 있는 말과 글, 수다를 떨며 함께 밥을 먹는 지인들이 더없이 반갑고 소중하다. 얼큰하고 시원한 찌개를 먹으니 살 것 같다. 누군가 여행은 돌아오기 위해 떠난다고 했던가.

서른셋

옛길을 걷다

그럭실 느티나무

가치 상실의 시대

지지대

엄마와 시어머니

덕분이다

귀 밖으로 들리던 말

포옹

첫눈이 내렸다

옛길을 걷다

비가 내린다. 비를 따라 상당산성 옛길을 걷는다. 길을 잘 가꿔 놓았다. 내가 어렸을 때 이곳 명암약수터로 소풍을 왔다. 지금은 약수터가 있는지조차 관심이 없다. 몇 십 년 차로만 다니던 길, 터널이 뚫리면서 상당산성 옛길은 차량통행을 금지시켰다. 얼마 전까지만 해도 드라이브하기에 좋은 길이었다. 머리가 복잡할 때 이 길에서 위로를 받았다. 스치고 지나가는 풍경만으로도 가슴이 트였다. 이 길에서 나뿐만 아니라 청주에 사는 많은 사람들이 가슴을 달랬으리라. 오늘은 약수터에서 산성까지 숲의 향기를 맡으며 걷는다.

옛길은 처음부터 오르막이다. 다 오를 때까지 평지도 내리막도 없다. 완만하다가 가파른 길과 만난다. 가파른 길을 오른 후 쉼터가 있다. 쉼터마다 바위와 밤고개, 과상미 등 동네 설화를 써놓았다. 설화를 읽으며 천천히 오르니 무당거미가 집을 짓고 있다. 거미가 먹이 사냥을 하는 진귀한 장면도 볼 수 있었다. 걷지 않으면 도저히 볼 수 없는 거미의 은밀한 방을 들여다 보았다. 도랑가에 고마리와 물봉선화가 지금 한창이다. 꽃들과 거미와 해찰 부리며 오르다 보면 습지가 있다. 쥐꼬리샘터에 가재가 살고 있는 것도 보았다. 오르는 일은 쉽지 않다. 숨이 턱까지 찰 때 벤치가 보인다. 커피를 마시며 가재와 잠시 노는 것도 힐링이 된다.

계절은 여름과 가을의 교차점에 와 있다. 숲 속의 나무들은 갱년기를 넘긴 여자처럼 윤기를 잃었다. 윤기는 없지만 그래도 아직은 푸르다. 아직은 여자라고 화장을 하고 나서는 내 모습이 저러하지 않을까 싶다. 지난 계절을 살아온 숲의 소리가 들리는 듯하다. '이렇게 푸석하고 볼품없는 모습으로 생을 마감하지 않을 거야. 머지않아 거듭날 거야.' 라고 하는 것 같다. 머지않아 나무들은 황홀하게 제 모습을 드러낼 것이다. 꿈은 꾸는 것이 아니라 행동하는 것이라고 했다. 생각만 하고 있으면 꿈은 이루어지지 않는다. 아무리 작은 것이라도 행동하지 않으면 이룰 수 없다. 가을이라고 꿈을 꿀 수 없는 계절은 아니다.

산성 옛길 걷기는 마음이 앞서도 빨리 갈 수 없다. 이 길을 넘어 본 사람은 안다. 어떤 고개든 한 번쯤 다 넘어 보았으리라. 단숨에 오르려 하면 꼭 탈이 생긴다. 천천히 올라야 한다. 두 발로 걸어서 오르내리며 주변을 보는 즐거움이 크다는 것을 알 것이다. 서른, 마흔, 쉰 고개를 넘었다. 고개는 할딱거리며 올라와야 성취감이 크다. 이제는 고개인 듯 아닌 듯 그런 길이 좋다. 이전의 삶은 실존에 치열했다. 혼자서도 좋았다. 오늘 오른 길은 함께여서 끝까지 오를 수 있었다. 누구라도 함께 걸어가라고 하고 싶다.

상당산성을 한바퀴 돌아 걸어온 길로 내려왔다. 내려가는 걸음은 쉬울 것 같았는데 내려오는 길도 쉽지 않다. 쉽다고 한눈팔다가 다리가 휘청거려 넘어질 뻔했다. 오를 때보다 힘은 덜 들지만 조심스럽다.

예닐곱 살 먹은 아이를 데리고 젊은 부부가 올라간다. 부모 손에 끌려온 아이는 힘들고 재미없다며 내려가자고 떼를 쓴다. 아이와 옥신각신하는 그 모습을 우리는 한참을 서서 바라보았다.

옛길은 인생 후반의 멋을 즐기는 길이다. 올라올 때는 비가 제법 내려 우산을 쓰고 왔다. 내려오니 비가 멈췄다. 시원한 바람이 분다. 구월이 속절없이 가고 있다.

그럭실 느티나무

능선을 오른 햇살이 세상을 어루만지며 그럭실로 내려온다. 그럭실에 온 것은 나무들이 애기초록으로 예쁘던 4월이다. 남편이 퇴직 후 소일거리 걱정으로 잠을 이루지 못하는 것이 안타까워 작은 밭을 마련했다. 밭을 마련하고 우리 내외는 매일 그럭실로 출근을 하기 시작했다. 하루하루 푸르게 변해가는 밭을 보면서 남편도 차츰 안정을 찾았다. 그럭실의 바람과 새소리, 물소리가 그를 잡아 줬다.

그럭실은 첩첩산중이다. 오래된 집들이 옹기종기 모여 있고 낮은 담장 위로 호박넝쿨이 기어 다니고 대문이 없고, 느리고, 정답다. 그리고 마을 입구에 느티나무가 없다. 마을 어귀엔 어김없이 커다란 느티나무가 있는 것을 볼 수 있다. 느티나무 그늘에서 사람들을 만나고, 먹고, 쉬고 하는 것이 시골의 정서다.

그런데 느티나무가 없는 그럭실 사람들은 그녀의 집으로 모인다. 그녀가 그럭실의 느티나무였던 것이다. 그녀는 어여쁜 스무 살, 그해 겨울 이곳 그럭실로 시집을 왔단다. 지금은 여든둘, 여리던 햇순이 고목이 되었다. 그녀의 마당 한켠에는 빈 막걸리 병이 동산처럼 쌓여있고 상추 한 뼘, 마늘 두 뼘, 고춧 대여섯 포기가 심어져 있다. 막걸리 안줏거리다. 그리고 그럭실엔 젊은 사람이 없다. 제일 젊은이는 동네반장 일을 보시는 아저씨도 환갑을 넘기셨다.

그녀는 친정어머니가 세 살 때 돌아가셨고 학교는 문턱에도 가보지 못했고 그리고 남편은 상이군인이었다고 한다. 자식이 없다는 것을 그녀의 마루에서 커피를 마시며 들었다. 시집살이 이야기를 하면서 중간중간 진저리를 치신다. 시어머니 시집살이보다 동서 시집살이가 더 맵다고 했다. 시집살이는 쉴 새 없이 돌아가는 물레방아처럼 고달팠단다. 그 매운 시집살이보다 아이가 생기지 않아 마음고생이 심하셨다는 말씀을 하셨다. 아이가 없어 남편이 작은댁 들이는 것을 보고만 있어야 했던, 그것도 한 번도 아니고 셋이나 보아야 했단다. 그런데 그들에게서도 아이가 생기지 않았단다. 지금 같으면 병원에라도 가 보았을 텐데 무지하여 오로지 당신이 아이를 갖지 못하는 것으로 알고 작은댁들 뒷바라지를 하며 살았단다. 기막힌 이야기를 남의 이야기하듯 덤덤하게 하셨다.

그런데 알고 보니 근동에 남편이랑 함께 군대에 가서 상이군인이 되어 온 사람들이 다 똑같이 자식을 갖지 못했단다. 그때야 죄의식에서 벗어날 수 있었다고 하셨다. 남편이랑 함께 군대에 갔다가 상이군인이 된 친구들도 아이가 없다는, 그것이 위안이 되는 듯 나에게 반복해서 여러 번 말씀하시면서 헛헛한 미소를 지으셨다.

사람은 늙으면 자식 그늘로 산다는데 할머니는 들어갈 그늘이 없다. 그래서일까? 이 더운 여름에도 쓸쓸하고 추워 보인다. 오늘도 할머니는 마루 끝에 앉아서 지나가는 이들에게 밥은 먹었느냐고 물으며 커피 마시고 가라며 붙잡는다. 그의 외로움은 사람을 기다리는 일이다. 마당가에 피어 있는 봉숭아, 채송화, 민들레 이런 작은 꽃들이 할머니를 가꾸며 늙은 집에서 서로 의지하며 살고 있다.

느티나무는 그늘이 되어 주는 존재로서 생을 다하는 것이다. 그럭실엔 느티나무가 없다. 할머니가 그럭실의 느티나무, 그럭실의 어머니다. 이 나라에는 그럭실 느티나무가 곳곳에 많이 계실 것이다.

그럭실의 어머니는 오늘도 마루를 훔치고 커피 물을 끓이며 동네 사람들을 맞이한다. 느린 걸음으로 하나 둘 느티나무 아래로 모인다. 허리는 꼬부라지고 무릎은 관절통으로 삐거덕거리는 그럭실 느티나무가 오래오래 버텨주기를 나는 할머니의 마루에 앉아 간절히 기원한다.

가치 상실의 시대

지상이 하루하루 환해지는 봄이다. 무심천에 벚꽃이 흐드러지게 피었다. 이 봄 청주에서는 예술제가 있다. 청주예술제의 한 행사로 문학인 초청 및 강연회가 있다. 제목은 가치 상실의 시대. 소설가 이광복 선생님께서 청주 문인들과 시민을 위해 귀한 걸음을 하셨다. 40여 권의 책을 내신 이력을 보고 한 번 놀랐고, 원고지에 글을 쓸 땐 손에 작업풍이 생기도록 쓰셨고, 컴퓨터로 글을 쓰면서 손가락에 지문이 닳아 뜨거운 커피 잔도 잡지 못할 정도가 되었다는 사실을 알고 또 놀랐다. 책머리에 뼈를 깎는 아픔으로 글을 쓰셨다고 했다. 문학하는 사람으로서 머리가 숙여진다.

이 시대를 살아가는 우리는 어디에 가치를 두고 살아가는지 묻고 싶을 때가 많았다. 얼마 전 세계가 주목했던 알파고와 이세돌 바둑기사의 바둑 대결을 보면서 두려웠다. 이제는 인간과 기계, 과학기술의 발달로 시대 가치가 변하고 그 속에서 성장하는 아이들은 우리와 다른 일들을 통해 가치를 실현할 것이라는 생각을 했다. 이세돌 기사는 인간이 패한 것이 아니라 이세돌 자신이 졌다는 말로 인간을 위로했다.

선생님께서는 '올바른 가치관 정립의 중심에 바로 문학이 있다.'고 하셨다. '문학을 알아야 인생을 알고, 인생을 알아야 인간중심의 가치관을 터득할 수 있다.'고 하셨다. "무릇 정신적으로 수준 높은 국민이 일등 국민이다. 그런 일등 국민이 넘쳐날 때 '삶의 질'을 높일 수 있고, 우리나라가 세계무대에서도 당당히 선진국으로 행세할 수 있다."라고 하신 말씀에 절대 공감한다.

인간이 인간답게 살아야 한다는 것을 알지만 현실에서 인간답게 살기란 그리 쉽지 않다는 것도 살아오면서 많이 느꼈다. 가치상실의 시대, 사람마다 사는 방법이 다르니 가치를 두는 곳도 다 다르리라 생각한다. 어떤 사람은 돈을 또는 사랑을, 명예를 다 각자 다르고 어떤 것이 옳고 그름은 아니라고 생각한다.

이 토론 주제를 받고 선생님 소설집 ≪동행≫을 구입해 부랴부랴 읽었다. 인간은 각기 다른 길을 걸으며 다른 생각을 하고 있고 저마다 말 못할 고민을 안고 살아간다. 서로 다른 사람들이 어떤 험난한 길에서 동행해야 할 때가 있다. 그때 서로를 감싸 안을 수 있는 배려가 있다면 진정한 동행이 될 것이라는 메시지를 보았다. 마크 트웨인은 "사람이 사람을 헤아릴 수 있는 것은 눈도 아니고 지성도 아니다. 오직 마음뿐이다."라고 했다. 소설≪동행≫에서도 고시 수험생 김 선생과 사업가 박 사장과의 동행이다. 망덕사로 가면서 어려움에 처하자 처음엔 원망했다. 더 심한 어려움을 겪으며 서로의 마음을 터놓으면서 따스한 동행이 된다.

문학을 하는 사람들은 인간 중심의 문학을 해야 한다고 한다. 문학은 감동을 목표로 하고 문학은 언어를 수단으로 하고 언어는 인간을 새롭게 만들며 완성시킨다. 인간이 겪을 수밖에 없는 사건이나, 느낄 수밖에 없는 정서를 표현하고 어떤 것이 인간답게 사는 것인가를 모색하는 쪽으로 전개되는 것이 인간 중심의 문학이다. 나는 수필을 쓰고 있지만 내가 쓰는 글이 사람들에게 감동과 정서에 도움이 되는 가치가 있는 글을 쓰고 있는지 생각해 보았다.

요즈음 우리 주변에서는 입에 담기조차 부끄러운 일들이 사지 사방에서 일어난다. 매스컴을 통해 보는 이 시대는 충忠도 죽고 효孝도 죽고 애愛도 죽은 듯하다. 선과 악 사이, 이상과 현실 사이, 이타적인 삶과 이기적인 삶 사이에서 늘 갈짓자 행보를 한다. 삶의 가치에 대해 다시 한 번 생각을 할 수 있는 계기를 마련해 주신 이광복 선생님께 감사드린다. 아무리 가치상실의 시대를 살아간다지만 사람으로서 근본까지는 잃지 말아야 하지 않을까 싶다. 우리 사는 이 지상에도 잃었던 인간의 근본과 인성, 가치의 회복이 꽃피는 봄날이길 기대해 본다.

지지대

지난밤 비바람이 심하게 불었다. 밭에 심어 놓은 채소들이 온전할까 걱정이 되어 잠이 오지 않았다. 날이 밝기 무섭게 밭으로 달려갔다. 아니나 다를까, 고추나무가 이리저리 쏠리고, 가지 나무도 누워 있고, 토마토는 밤새 머리채를 뒤잡고 싸운 것처럼 봉두난발을 하고 있다. 온전하게 서 있는 게 없었다. 나는 넘어진 채소들을 하나하나 세우고 묶어 주었다. 아직 애기 나무들이라 세찬 비바람에 많이 놀랐나 보다.

지지대는 식물이 넘어지지 않도록 잡아 주는 역할을 한다. 열매를 맺는 채소는 반드시 세워 줘야 한다. 그래야 가지를 유인하여 위로 쑥쑥 큰다. 나무가 휘거나, 꺾이거나 넘어지지 않도록 잡아 주는 것이다. 쓰러진 나무들에게 지지대를 세워주면서 생각했다. 단 한 사람이라도 나를 진정으로 아끼는 사람이 옆에 있다면 살아갈 수 있겠다고.

사람의 세상에도 수없이 바람이 분다. 바람이 불 때마다 심하게 흔들린다. 얼마 전, 남편이 근무하던 학교에서 고2 학생이 친구와 사소한 다툼으로 괴로워하다가 제 부모와 주변 사람들을 안타깝게 한 사건이 있었다. 친구의 말 한마디에 상처받고 선생님이나 부모의 꾸중을 참지 못하고 극한상황을 만드는 여린 아이들이다. 한때 쏟아지는 소나기를 참지 못하고 여린 가지들은 꺾이고 뿌리까지 흔들린다. 그 순간에 기댈 수 있는 단 한 사람만 있었어도 그런 불행은 막았지 싶다. 그들이 흔들릴 때 믿고 따를 수 있는 한 사람 그가 그냥 거기 서 있기만 해도 든든했을 것이다. 손만 잡아줘도 위로가 되고 용기를 얻을 수 있었을 것이다.

우리는 의지할 사람이 필요한데 그 한 사람이 없어 벼랑 끝으로 가는지도 모르겠다. 한세상을 살면서 많은 사람과의 관계 속에서 살아간다. 하지만 그 많은 사람 중에 나를 지켜줄 사람이 몇이나 될까?

사람에게 흔들리고, 돈, 명예, 사랑 등 많은 유혹을 받으며 살아간다. 아이들을 키울 때는 또 얼마나 마음을 졸이며 살았는가. 어디로 튈지 모르는 메뚜기처럼 종잡을 수 없는 아이들 때문에 수없이 많은 밤을 지새웠다. 고추, 가지, 토마토 나무에 지지대를 세우고 끈으로 묶어주니 이제야 편안해 보이고 농작물 모양새가 난다. 더 일찍 해주었어야 하는데 차일피일 미루다 비바람을 만난 것이다. 농사는 시기를 놓치지 말고 제때에 맞춰 거름도 하고 지지대도 세워줘야 바르게 자란다.

대단해 보이지 않는 일자 막대기 하나가 열매를 맺는 묘목의 일생을 좌우한다. 지지대를 세워 주지 않으면 어린 묘목은 바로 서지도 못할 뿐더러 열매도 맺을 수가 없다.

식물에 쓰는 지지대는 좋은 나무가 아니다. 건축 자재나 공예품, 가구로 만들기엔 멋도 없고 단단해서 쓸모가 없는 나무로 만든다. 그러나 식물에는 절대적으로 필요하다. 남들이 하찮게 생각하는 것도 누구에게는 꼭 필요한 것으로 쓰일 수 있다. 내가 믿고 따를 수 있는 사람이 꼭 많이 배워야 하고, 권력이 있고, 돈이 많아야 하는 것은 아니다.

부지런해야 하는 것, 사랑하는 마음이 있어야 하는 것, 정직해야 한다는 것, 순리를 따라야 한다는 것, 여유를 가져야 한다는 것을 나는 이곳 그럭실에서 채소를 가꾸며 배운다. 자연에 순응하며 사는 사람들이 왜 여유롭고 편안해 보이는지도 알 것 같다. 비바람에 혼비백산했을 어린 채소들에게 지지대를 세워주고 이제는 괜찮을 거라고 다독였다.

엄마와 시어머니

한여름 그 뜨거운 바람 속 어디에 시원한 바람이 숨어 있었던가. 어느새 구월바람이 서늘하다. 얇지만 긴 옷을 찾게 된다. 어찌 계절만 빠르다 하랴. 나도 벌써 딸에서 시어미까지 왔다. 한여름에 가을바람을 생각 못하듯 내가 시어미가 된다는 것을 상상하지 못했다.

며칠 전 아들을 결혼시키며 시어미가 되었다. 아들의 아내, 며느리가 어찌 귀하지 않으랴. 그런데 가까이 가려 하면 부담스럽다 하고 멀리 있으려 하면 서운타한다. 내가 어디쯤 어떤 모습으로 있어야 하는지 당황스럽다. 하긴 서로 다른 환경에서 삼십여 년을 살았으니 하루아침에 적응된다는 것이 더 이상할 수도 있다. 적당한 거리와 시간이 필요한 것을 내가 너무 성급했나 보다.

나도 내 시어머니와 편해지기까지 십여 년의 시간이 걸렸다. 짧지 않은 시간을 함께했다. 편안하게 하려 해도 늘 어려운 것이 고부간이다.

한번은 우리 부부가 주방에서 나는 아침밥을 하고 남편은 마늘을 깠다. 어머니가 나오시더니 아범한테 마늘 까라고 시키는 것이 싫다고 하셨다. 정답게 이야기하다 당황했던 기억이 있다. 또 한번은 남편이 나도 모르게 큰돈을 대출해서 썼는지 은행에서 독촉장이 날아왔다. 나는 속이 많이 상해 있었다. 남편이 퇴근하기 전에 어머니께 속상하다고 했더니 어차피 다 쓴 걸 이제와 따지면 뭐하냐고 아무 말 말라는 것이다. 그때 서운함이 극을 향했다. 이제는 당연히 내 편이 되어 주실 줄 알았는데 역시 어머니는 남편의 엄마였다.

엄마와 시어머님, 엄마는 편안하고, 따스하고, 부드럽고, 너그럽고, 늘 함께 있고 싶고. 반면 시어머님은 불편하고, 엄격하고, 조심스럽다. 무한과 유한, 철저하게 다른 두 마음이 한 사람인 것이다. 엄마가 하는 잔소리는 애정과 관심이다. 시어머니가 하는 잔소리는 며느리에게 상처다. 살다 보면 좋은 말도 하고 서로 언짢은 말도 하게 된다. 며느리는 아무리 잘해도 며느리일 수밖에 없고 시어머니는 시어머니일 수밖에 없다는 말을 부정했었다. 그러나 나 역시 별수 없는 이 땅의 엄마, 시어미다.

시어머님은 내가 사랑하는 사람의 어머니, 며느리는 내 아들이 사랑하는 사람, 어느 누구보다 귀한 존재들이다. 그런데 한 남자를 가운데 놓고 아들이라 하고 남편이라고 서로 당기는 꼴이다. 거기서 갈등과 불화가 시작되는 것이다.

본래부터 엄마로 시어머니로 태어난 사람은 없다. 여자가 가는 길, 그 길에서 얻어진 이름이다. 자식을 가진 여자들에게 붙여진 숙명의 이름 엄마. 아들이 결혼하면 비로소 불리는 시어머니. 안주인이 현명해야 집안이 화목하다는 것을 나는 누구보다 잘 알고 있다.

인생은 결혼하면서 시작된다고 해도 과언이 아니다. 부모님 그늘에서는 세상을 잘 모른다. 손만 내밀면 다 해결해주는 부모님의 사랑을 당연하게 받으며 살아가기 때문이다. 그러나 혼인하고 아이들을 낳으면서 인생의 혹독함을 알게 된다. 단맛과 쓴맛을 동시에 보는 것이다. 나는 지금까지 엄마로 30년을 살았다. 엄마 노릇은 아무것도 모르고 했다. 이제 시작하는 시어미 노릇은 그래도 잘하고 싶은 욕심이 생긴다. 개구리 올챙이 적 생각 못하고 며느리로 살았던 세월은 잊어버리고 시어미 기질이 비질비질 나온다.

덕분이다

요즈음 덥다는 말을 하루에 백 번쯤은 하는 것 같다. 누구를 만나거나 통화를 해도 덥다는 말로 대화를 시작한다. 나는 더위를 핑계 삼아 무작정 길을 나섰다. 어디를 간들 시원할까. 차창 밖으로 보이는 세상은 온통 푸르다. 눈이 시원하다. 낯선 길 저쪽에 덩치 좋고 아주 잘생긴 소나무 길이 보인다. 그 솔숲을 그냥 지나치고 싶지 않다. 어차피 목적지를 정하고 나선 길이 아니므로 발길 닿는 대로 눈에 보이는 대로 가 보기로 했다.

솔향기를 뒤로하고 한참을 달렸다. 언젠가 텔레비전에서 본 숲 속의 헌 책방 새한서점 푯말이 보인다. 기회를 놓칠 내가 아니다. 숲 속의 헌 책방, 마치 글쓰기에서 역발상처럼 신선했다. 도심에서도 외면당하는 서점이 찻길도 험한 오지에 있다. 그럼에도 사람들이 꾸역꾸역 찾아온다. 새것, 콘크리트에 염증이 난 도시인들의 휴식 같은 공간, 책방의 흙냄새 헌책에서 나는 쾌쾌한 냄새가 반갑다.

서점은 단양의 적성면 현곡리에서도 더 깊숙한 산중에 있다. 새한서점이란 표지판을 따라 구불구불 이어지는 산속으로 깊숙이 들어가면 파란 지붕이 보인다. 이런 곳에 집이 있다는 것도 신기한 일인데 서점이라니, 여정에서 오지를 실감한다. 몇 번이고 덧댄 벽과 담이 낡은 책장처럼 지난 시간을 보여준다. 이금석 사장님은 얼굴에 미소가 자리를 잡고 있다. 헌책을 사랑하고 지키는 지킴이, 사장이라는 직함보다는 마음씨 좋은 아저씨가 어울린다. 그는 30년 넘게 새한서점을 지키고 있다. 노후를 고향인 제천에서 보내려고 했는데 그도 여의치 않아 현곡리에 자리를 잡았단다. 산골짜기 비탈에 바닥 공사도 하지 않고 책꽂이를 만들어 책을 진열했다. 흙을 밟으며 책을 보는 색다른 재미가 있다. 마치 미로 같은, 끝이 보이지 않는 동굴 같은, 재미있는 서점이다. 영화 〈내부자들〉에 나오면서 유명세를 치렀단다. 의도된 발상인지는 모르지만 색다른 여행을 시도하는 사람들에게 좋은 장소다. 코끝에 스미는 마른 냄새가 땅에서 나는 흙냄새인지 책에서 나는 곰팡이 냄샌지 분간이 가지 않는다. 이런 서점이 산속에 있다는 게 놀랍고, 책의 양에 놀랍고, 그 깊은 산중으로 많은 사람들이 찾아온다는 것이 놀랍다.

새한서점을 찾아오는 사람들은 책을 구입하기 위해서 방문한다기보다는 숲 속의 서점이라는 이색적인 풍경에 끌려 왔을 것이다. 나도 그랬다. 몇 시간 숲 속을 산책하듯 책을 보았다. 아버지 서재에 있던 일본소설 대망이 보인다. 그때의 기억이 새롭다. 평소 읽고 싶었던 소설책 3권을 샀다.

사는 일도 새한서점처럼 한발 뒤로 물러서서 바라보면

여유가 생길 것이다. 나름대로 세상을 참 많이 보아 왔다고 생각하며 살았다. 그런데 이렇게 더위를 핑계 삼아 길을 나서고 보니 또 다른 세상이 있다. 누가 감히 산속 오지에 서점을 열 생각을 해보겠는가. 인식의 전환이다. 더위 때문에 불편하고 힘들지만 더위 덕분에 시원한 곳을 찾아 여행을 하기도 한다. 때문이 아니라 덕분이다. 덥다, 덥다 하면서도 말복이 지나갔고 백중이 지났다. 나머지 더운 날들을 숲 속 서점에서 사 온 소설책을 읽으며 세상을 또 한 수 배워보리라.

귀 밖으로 들리던 말

새해 첫 산행은 덕유산 향적봉이다. 새해가 되었으니 부자 되라, 건강해라, 문운이 있어라 등등 마음을 담아 보내는 덕담을 향적봉에서 받았다. 맹렬하게 차가운 겨울의 꼭짓점이다. 한 해의 다짐과 지난 시간을 정리하기에 명징하고 명쾌한 해답처럼 바람이 개운하다. 향적봉은 겨울을 제대로 느껴 보기에 좋은 곳이다.

사람들이 건강하면 무엇이든 다 할 수 있고 아무것도 걱정할 게 없다는 말이 한때는 공허하게 들렸다. 부자, 건강 가슴에 와 닿지 않은 말들이라고 넘겨버렸다. 건강하지 못하더라도 돈이 있었으면 좋겠다고 생각했던 적이 있다. 가까운 사람들이 건강 때문에 고생하는 사람이 없었다. 나에게는 '해당 없음'으로 귀 밖으로 들었던 말들을 이제는 가슴으로 들으며 살아간다.

며칠 전 아침운동을 나간 남편이 들어올 시간보다 일찍 들어왔다. 들어와서는 하는 말이 "여보, 나 어디 갔다 오는 거지?" 묻는다. 장난치는 줄 알고 나는 "운동하고 오시는 거지." 그랬더니 또 "내가?" 하면서 정말 아무것도 모른다는 얼굴이다. 운동 나가기 전에 나랑 주고받은 말도 모른단다. 지난밤에 딸하고 통닭 시켜 먹으며 놀던 것도 모른단다. 순간적으로 스치는 생각이 혹 알츠하이머(치매), 큰일 났다 싶었다. 아직까지는 건강에 자신 있다고 하는 남편이 오십 후반에 벌써 그러면 어쩌나 하늘이 무너지는 것 같았다. 딸아이가 이런 아빠를 안고 울었다. 그런데 바로 전일도 기억 못 하는 사람이 꿈에 눈길에서 두 번이나 넘어졌다는 것이다. 옷을 살펴보니 흙이 묻지 않았다. 같이 나가자고 하는 걸 눈도 오고 날씨가 추워 혼자 다녀오라고 했다. 남편의 운동화 자국을 따라가 보았다. 집에서 2km쯤 갔을 때 눈 위에 두 번 넘어진 흔적이 있었다. 한 번 넘어지고 일어서다 다시 넘어진 것 같다. 뇌진탕으로 순간적 기억상실이 온 것이다. 건강을 잃으면 전부를 잃는 것이라는 말을 건강에 위협을 받아 보니 진리임을 절감했다.

눈만 뜨면 자의든 타의든 말하고 듣는 것이 우리의 일상이다. 세상에는 두 귀로 들리는 말이 수없이 많다. 그중에 몇 마디나 새기며 살아가는가. 대부분의 말들은 귀 밖으로 듣고 버린다. 또 내가 듣고 싶은 말만 취하는 경우도 많다.

젊은 날에는 무서운 것이 없었지만 지금은 작은 일도 무섭다. 상대방에게 악담을 하면 그것이 부메랑이 되어 나에게 돌아온다는 것을 안다. 자식을 낳아 기르는 어미는 말조심, 행동조심 해야 하는 어른들의 말씀을 이제는 젊은 사람들에게 내가 하고 있다. 그들도 나처럼 귀 밖으로 듣고 버릴지라도.

침묵만으로도 장관이 되는 것이 자연이다. 아무리 오래 머물러 있어도 지루하지 않은 것이 또한 자연이다. 향적봉의 눈꽃처럼 깨끗하고 순결하게 그리고 따뜻하게 살고 싶다. 새해 소망이라면 내가 무엇을 이루고자 하는 것도 아니요. 큰돈이 들어오기를 바라는 것도 아니다. 하루하루 큰 탈 없이 누구에게 칭찬 한마디 들어 기분 좋은 날, 내가 누군가를 칭찬해 주어 흐뭇한 날, 좋은 사람들과 따뜻한 밥 한 끼 나누는 즐거움으로 채워가야겠다는 생각을 한다. 그리고 이제는 건강하라는 말이 가장 귀한 말임을 깨닫는다. 향적봉에서 나에게 새해 인사를 보냈던 분들에게 진심을 담아 건강하시라는 인사를 보냈다.

포옹

떨어지지 않을 것처럼 야속하게 붙어 있던 더위가 하루아침에 힘을 잃었다. 9월이 시작되기 바쁘게 청주에서는 큰 축제가 행해지고 있다. 직지코리아 국제페스티벌을 시작으로 청주세계무예마스터십, 청주읍성큰잔치 등 볼거리가 많다.

어제는 무예마스터십대회를 관람하기 위해 석우체육관으로 갔다. '삼보경기' 생소하다. 레슬링 경기 같기도 하고 유도 경기 같기도 하다. 삼보는 러시아 격투기의 하나로 삼보(sambo)란 러시아어로 Camoo이며 원래는 '무기를 소지하지 않은 호신술(Samozashchita Bez Orudija)'이라는 뜻이라고 한다. 메치기, 굳히기(누르기 · 꺾기 등) 기술로 승부를 겨루는 것이란다. 시합을 한다는 것은 승패를 가려야 하므로 치열하다. 삼보경기는 과격한 경기다. 마음 편히 관람하기가 어렵다. 실력이 비등한 선수의 시합을 보고 있으면 손에 진땀이 나고 몸에 힘이 들어간다. 가족도 아닌 나도 이러한데 가족들은 어떠할까.

62kg급 결승전 시합을 관람했다. 캄보디아 선수와 우리나라 선수가 경기를 치렀다. 막상막하, 엎치락뒤치락 하다가 우리나라 선수가 팔이 꺾여 패했다. 경기에 패하고 경기장 바닥에 누워 한참을 뒹굴고 있었다. 통증과 마음을 진정하였으리라. 그리고 일어나 상대선수를 뜨겁게 포옹한다. 감동이다. 멋있다. 이런 정신은 어디서 나오는 것일까, 스포츠정신, 최선을 다한 서로의 마음을 위로하는 것 아닐까. 텔레비전에서는 여러 번 보았지만 이렇게 현장에

서 거친 숨 소리와 함성을 들으며 보는 경기는 오랜만이었다. 집에 돌아와서도 그 감동이 식지 않는다. 시합에서 패한 것도 억울하고 몸도 아팠을 텐데 일어나 포옹을 한다. 정말 멋졌다.

나는 경기를 관람하면서 우리나라 선수가 이겼으면 하면서도 또 한편으로는 멀리서 온 외국 선수들도 메달을 획득해서 돌아가야 할 텐데 하는 마음도 들었다. 어미의 마음인가 보다. 아들을 외국으로 보내놓고 마음 졸이고 있을 캄보디아 선수의 어머니를 생각했다.

포옹에는 사랑과 용서하는 마음이 담겨 있다. 포옹은 마음을 편안하게 한다. 힘든 일을 겪었을 때 누군가 "괜찮아. 잘될 거야." 라며 안아주면서 등을 토닥여 줄 때 눈물이 난다. 포옹의 효과는 크다. 안아 주는 것만으로도 스트레스가 해소되고 공포와 두려움이 완화되고 기분이 좋아져 심리적 안정감을 준다고 한다. 내가 어제 석우체육관에서 본 그 포옹은 어떤 몸의 표현보다 뜨거웠다. 어떤 스킨십보다 상대방의 심장을 가장 가까이에서 느낄 수 있는 포옹. 포옹은 감정적 허기를 채워주기도 한다. 삼보 경기에서 패자가 승자에게 하는 그 뜨거운 포옹은 "그래 너 잘했어. 너를 인정한다."는 말일 게다. 운동 선수들, 게임이 끝나고 서로 안아주는 그 아름다운 모습은 신사답다. 아마도 여기까지 오면서 흘린 땀의 시간을 서로 알기 때문일 거다. 운동선수들은 겉모습이 과격해 보인다. 그래서 혹 사람도 과격할 거라는 선입견이 있다. 알고 보면 순한 사람들이다.

누군가 나에게 기대고 싶어 할 때 못 본 척할 때가 있다. 혹여 그로 인하여 곤란한 일이 생길까 싶어 외면했다. 예전에 외면하지 못하고 들어줬다가 크게 낭패를 본 기억 때문이다. 더위도 한풀 꺾였다. 시원하고 맑은 바람이 분다. 상처 입고 아파하는 사람, 건강을 잃고 몸이 아픈 사람이 있다. 그들에게 "괜찮아. 너는 잘 될 거야. 괜찮아 너는 꼭 이겨 낼 거야." 위로의 말로 안아 주는 사람이 많아지면 사회가 따스해질 것이다. 포옹은 마음의 빈자리까지 채워준다. 지금 웃으며 살아가는 것은 내 주변에 나를 사랑하는 사람이 있으므로 잘 견뎌내는 것이다.

올여름은 정말 뜨거웠다. 뜨거운 여름을 잘 이겨낸 가족에게, 이웃에게 삼보경기에서 선수들이 보여준 멋진 포옹을 해보자. 내 곁에 있어줘 고맙다는 말과 함께.

첫눈이 내렸다

올해는 첫눈이 확실하게 내렸다. 첫눈이 내린다고 여기저기서 문자가 들어오고 카톡으로 사진을 보내온다. 반갑기도 했지만 한편 심란하기도 하다. 김장도 해야 하고 교정 보던 책도 마무리해야 하고 할 일은 태산 같은데, 겨울이 코앞으로 바짝 붙은 것 같아 몸이 단다.

밭에서 눈을 맞고 있을 배추 걱정에 잠도 오지 않았다. 옥수숫대 베어낸 자리에 배추모종을 심고 아침저녁으로 들여다보았다. 난생처음으로 내가 심고 가꾼 배추가 눈을 맞으며 추위에 떨고 있다. 땅 내도 맡기 전에 배추벌레와 달팽이가 달라붙어 있었다. 아침마다 벌레들을 잡아냈고 물을 주었다. 그렇게 키웠다.

올해는 배추 농사가 풍년이라 값이 싸다지만 그럭실에서 키운 배추는 여느 배추와는 다르다. 무농약으로 기른 고랭지 배추다. 상품 가치는 없지만, 우리 먹기에는 부족함이 없어 수확하는 기쁨이 크다. 농약 없이 길렀고 메뚜기와 여치, 달팽이가 갉아먹어 구멍이 숭숭 뚫리고 포기가 작아 볼품이 없다. 속없는 우리 내외처럼 속도 차지 않았다.

혹여 첫눈에 얼어 버릴까 불안해서 오늘 배추를 뽑았다. 시장에 나오는 속이 꽉 찬 배추와는 비교도 되지 않게 작다. 작은 배추 포기마다 하얀 눈이 소복이 쌓였다. 면사포를 쓴 신부처럼 얌전하다. 얌전하고 예쁘던 신부도 아이 낳고 10년 정도 살다 보면 신부의 모습은 온데간데없다. 남편을 이기려 들고 아이들에게 소리를 지르는 거칠고 무서운 여자, 엄마가 되어간다.

배추 속을 감싸고 있는 겉잎을 벗겨내며 어머니 생각을 했다. 추위를 막아주고 세파로부터 자식들을 아니 가정을 보호하는 어머니의 치맛자락. 하얀 눈을 쓰고 있는 배추가 속은 차지 않았지만 작은 몸집에 비해 겉잎이 여자들의 한복 치마폭처럼 넓다. 살아남기 위한 보호 본능이 느껴진다. 맨몸으로 바람을 막아 주고 있는 모습이 마치 어머니 같아 애처롭다. 이 험한 세상에 아이들과 남편을 지키려면 하얀 신부처럼 고개 숙이고 얌전해서는 온전히 지켜내기가 힘들다는 것을 나도 살아가면서 알았다. 배추를 뽑을 때도 속을 보호하기 위해 겉잎을 남긴다. 김치를 담글 때 속을 넣은 양념이 떨어지지 않도록 감싸고 먹을 땐 뒤로 젖혀 놓는 것이 겉잎이다. 끝내 버려져도 끝까지 속을 보호하는 겉잎은 어머니다.

지금까지 내 손으로 김장 한번 제대로 하지 않았다. 친정어머니 김장하시는 날 거들어 주는 척하고 일 년치 김치를 가져다 먹었다. 친정어머니가 해마다 담가 주시는 백김치를 가장 좋아한다. 알맞게 익었을 때 톡 쏘는 백김치 국물은 생각만 해도 군침이 돈다. 올해는 내 손으로 김장을 할 것이다. 물론 어머니를 옆에 모시고 말이다. 국물 자박자박하게 담가 놓았다가 오늘처럼 눈이 내리는 날, 군고구마와 백김치를 쭉쭉 찢어 먹으며 겨울 한 철을 보낼 것이다. 김치를 맛있게 담가 어머니께 드려 봐야겠다. 배추 몇 포기는 신문지에 꼭꼭 싸서 잘 보관하였다가 제사 때 누름적도 지지고, 삼겹살 구워 먹을 때 상추 대신 쌈으로 먹어도 좋겠다. 배추의 쓰임새는 참으로 다양하다. 된장 풀어 배춧국을 끓여도 시원하고, 살짝 데쳐서 나물로 무쳐도 맛있고, 전골에 넣으면 맑은 국물이 시원하다. 배추를 뽑으며 겨울이 두렵지 않다. 마치 곳간에 곡식을 쌓아 놓은 것같이 흐뭇하다.

첫눈은 오는 둥 마는 둥해서 누구는 눈이 왔다고도 하고 누구는 안 왔다고도 하는, 첫눈은 그렇게 감질나게 내릴 때가 많았다. 올해는 주먹만 한 함박눈이 하루 종일, 아니 늦은 밤까지 내렸다. 첫눈이 내린다고 들떠있는 그들에게 하얀 면사포를 쓰고 있는 얌전한 배추 사진 찍어 보냈다. 그들을 불러내 커피라도 마셔야 할 것 같은 밤이다.

서른넷

협곡열차
가시
세입자
여고시절
어리석은 청춘
돌계단을 만들며
작별인사도 못하고
떡잎을 따 주어야 한다
어느 하루쯤은

협곡열차

집안일로 며칠 종종댔더니 답답하다. 이런 나를 문우가 불러주었다. 맨발로 달려 나갔다. 창밖으로 보이는 들녘은 양지바른 쪽부터 햇가을이 익어가고 있다. 해마다 맞이하는 가을, 여전히 새롭고 아름답다. 오랜 가뭄으로 강물은 바닥을 드러내고 나무들은 윤기를 잃었다. 그래도 바람은 시원하고 달다. 가을이니까 기차 여행이 좋겠다 하신다. 차와 장소가 어디인들 무슨 대수랴. 가을 여행이라는 말만으로도 가슴이 뛰는걸. 봉화 분천역으로 향했다.

협곡열차는 친환경 열차로 태양열에너지로 움직인다. 스위스와 수교 50주년을 맞이하여 분천역과 체르마트역이 자매결연을 하여 역사의 외관은 스위스샬레 분위기를 냈다고 한다. 역의 외관은 스위스풍의 그림으로 마치 동화처럼 예쁘다. 협곡열차 V-train은 분천 양원 승부 철암으로 이어지는 27.7km 구간을 시속 30km로 천천히 달리며 협곡 사이로 흐르는 낙동강 상류의 비경을 감상할 수 있는 3량짜리 관광 열차다.

분천역에서 철암 사이 우리나라에서 제일 작다는 양원역에 잠시 머문다. 대합실에서는 잔 막걸리와 간식을 먹을 수 있고 그곳에서 생산하는 산나물과 채소도 살 수 있다. 양원역은 지금도 이 기차가 유일한 교통수단이란다. 우리는 작고 오래된 양원역 대합실을 배경으로 사진을 찍었다. 열차는 다시 출발하여 '하늘 세 평, 꽃밭 세 평' 시가 있는 승부역에 도착했다. 승부역, 몇 년 전 그때는 승용차로 왔었다. 그와의 기억이 떠올라 잠시 뭉클했다.

계곡과 아름답게 물들어가는 산천 풍경을 배경 삼아 협곡열차는 달린다. 인생은 찰나처럼 지나간다고 했다. 생각해 보면 그랬다. 내가 삼십대 중반 험준한 고개를 위태롭게 넘고 있을 때 지나가던 스님이 쉰한 살이나 되어야 평지가 나온다는 말씀을 하셨다. 쉰한 살, 삼십대에는 돌아오지 않을 시간처럼 아득하게 들렸었다. 낼이면 육십이다. 협곡을 잘 빠져나왔다.

지금도 석탄을 생산하고 있는 철암역에 예술작품이 있다. 동상은 개울을 사이에 두고 아내는 아기를 업고 남편을 배웅하고 있다. 개울 건너편에 남편은 아내가 싸준 도시락을 가슴에 품어 안고 아내가 있는 집 쪽을 향해 손을 흔들어 주고 있다. 세상에 이보다 더 따뜻하고 사랑스러운 풍경이 있을까. 차갑고 딱딱한 동상이지만 부부의 표정과 모습이 애틋하다. 이 협곡열차도 한때는 검은 석탄을 나르던 산업 영동의 동맥이었다. 지금은 이렇게 작고 예쁘지만, 열차는 건장한 청년의 맥박처럼 빠르고 건강하게 달렸으리라. 지금은 세월을 관조한 도인의 눈으로 세상을 바라보며 사느라 고단한 사람들에게 한자리 내주고 있는 것 같다. 협곡열차는 양옆으로 흐르는 계곡과 산촌의 풍경들을 벗 삼아 편안하게 쉬라며 조근조근 말하듯 달린다. 협곡열차의 뜨거웠던 여름은 가고 여유로운 관광 열차로 또 그의 소임을 하고 있다. 고졸하고 평화롭다.

기차를 즐기는 사람들의 얼굴엔 정다운 미소가 있다. 여행은 풍경이 아무리 아름답고 먹을거리가 풍성해도 좋은 사람과 함께해야 즐겁다. 답답한 내 마음을 알고 불러 준 문우가 고맙다. 마음을 풀어내기에 충분한 가을 여행이었다.

협곡열차 여행은 가고 오고, 머무는 시간까지 세 시간이다. 그 감동은 참으로 오래도록 가슴에 남았다. 가을처럼 짧지만, 가을처럼 아름답고, 가을처럼 풍요롭다.

가시

오늘도 비 온다는 소식이 없다. 긴 봄 가뭄으로 인심까지 타들어간다. 전염병 메르스로 외출을 하거나 누구를 만나는 일도 꺼려지는 요즈음이다. 모임이나 행사가 취소되었다. 이런 때 작은 텃밭이 있는 그럭실은 좋은 도피처다. 산에서 내려오는 물을 농작물에 주고 밭고랑에 엎드려 풀을 뽑고 그것도 지루해지면 마루에 누워 책을 본다.

타들어가는 농작물들을 바라보기도 민망하다. 어렵게 물

을 대면 농작물보다 풀이 먼저 들이마시는지 풀만 풍년이다. 천년초 사이에 얄밉게 버티고 있는 풀을 뽑으려다 가시에 찔렸다. 길이는 짧고 머리카락보다 더 가느다란 가시가 있는 선인장 천년초. 자기 몸을 건드린다 싶으면 일제히 달려들어 공격을 한다. 면장갑은 껴도 소용이 없다. 손에 온통 가시가 들었다. 눈에는 보이지도 않고 손을 쓸 때마다 껄끄럽고 가려워 성가시기 짝이 없다. 작은 가시라고 우습게 생각한 죄가 크다. 몇 번 가시에 찔리고는 그 곁에 얼씬도 안 했었다. 긴 가뭄에도 노란 꽃을 피워 내는 천년초가 대견하여 풀을 뽑아주려다가 낭패를 당했다. 작은 가시지만 반복해서 찔리면 서로의 사이가 벌어진다.

세상에 존재하는 동식물은 물론 사람도 다 가시를 가지고 살아간다. 가시가 없으면 독을 품고 있고 가시나 독이 없으면 무서운 이빨을 가지고 있다. 자기방어, 누구에게 해를 입히기 위한 것이 아니라 살아남기 위한 것이다.

지난달에는 40년 만에 여고 동창 모임이 있었다. 몇 몇 친구들은 지금까지 만나 오고 있지만 졸업 후 처음 만나는 친구들이 많이 참석했다. 오랜만이지만 다들 반갑게 인사를 했다. 그런데 한 친구가 나를 반가워하지 않는다. 그럴 수도 있지 하며 무시해버렸다. 그런데 하루를 같이 지내고 이튿날 그 친구의 말에 나는 당황스러웠다. 친구 말에 의하면 학교 다닐 때 내가 자기를 미워했단다. 그 친구는 시골에서 도시로 유학을 온 것이다. 나는 기억도 없지만 사과를 했다.

사람에게 찔린 가시는 용서와 화해만이 뺄 수 있다. 빼지 않으면 상처는 덧난다. 용서하지 않으면 상처가 곪아 마침내 큰 흉터로 남게 된다. 몸에 박힌 가시건 마음에 박힌 가시건, 가시는 얼른 빼내야 한다. 그래야 상처가 빨리 아문다. 나도 얼마 전 오랜 지기로 지내던 사람과 갈등이 있었다. 작은 오해로 오랫동안 지켜온 신의가 깨진 것이다. 한동안 마음고생을 했다. 그도 아팠으리라.

인간은 위대하지만 참으로 나약한 존재다. 전쟁터에서도 살아남는 사람이 있는가 하면 작은 가시에 찔리고 징징대는 사람이 있다. 아직도 손끝에 남아 있는 천년초 가시가 성가시게 괴롭힌다. 천년초 작은 가시에 찔리고 사람을 생각하는 시간이 되었다. 육체의 아픔보다 견딜 수 없는 것이 마음의 상처다. 피가 나와야만 아픈 것이 아니다. 가시는 누구나 가지고 있지만 사소한 일로 상대를 공격하지 않는다. 사람은 상대방을 찌르고 나면 자신도 아프다는 것을 잘 안다. 가시에 찔린 손가락에 신경이 쓰인다. 가시에 찔리고 장미의 시인 릴케가 생각난다. 릴케는 장미에 심취해 장미를 찬미하고 장미꽃을 소재 삼아 시를 쓰고 장미가시에 찔려 죽었다고 한다. 사람이 가시에 찔려 죽을 수도 있다. 릴케는 자신이 죽을 수도 있다는 생각을 하며 장미를 좋아했을까. 좋아했던 장미 가시에 찔린 릴케는 행복한 죽음이었을까.

우리는 살아가면서 내가 누군가를 찌르고 찔리며 산다. 그러나 작정하고 치명적인 상처는 내지 말아야 할 것이다. 한바탕 소나기라도 내려 농작물이 해갈되고 가뭄 든 인심도 다시 넉넉해졌으면 좋겠다. 고추밭에 호미를 던져놓고 가시에 찔린 손을 핑계 삼아 마루에서 빈둥거리고 있다.

세입자

봄은 물색없이 화려하다. 비가 한 번 내릴 때마다 고운 빛깔의 옷으로 갈아입는다. 심란한 마음에 불을 지른다. 이 좋은 봄날에 60년을 터줏대감으로 살아온 동네를 떠나려니 아쉬움이 많다. 한때는 이 동네, 이 집을 떠나지 못해 안달했던 시간도 있었다. 오래전부터 세웠던 계획을 실천하려는 것이다. 이제는 상가주택을 관리하는 것도 힘에 부친다. 몸집을 줄여 가든하게 살 때가 되었다. 그런데 오늘은 심란하고 서운하다.

다양한 세입자들과 살았다. 그중에서도 가장 귀한 세입자가 있다. 우리의 허락도 없이 어느 날 옥상에 방을 들여 지금까지 살고 있지만 고맙기 그지없다. 그들은 일가친척도 아니고 친구도 아니다. 엄밀히 말하면 침입자다. 그들에게 한 번도 세를 받아 본 적이 없다. 내가 부자도 착해서도 아니다. 까치네 가족들과 20년을 함께 살았다. 처음엔 옥상을 어질러놓아 쫓아내려 했다. 하지만 지금은 풍수 지리적으로 좋은 터에만 자리를 잡는다는 까치들과 함께 산 시간이 고맙다. 요즈음 까치들은 내 심란한 마음을 아는지 모르는지 알을 낳아 식구를 늘리기 위해 분주히 집수리를 한다.

이 집에 살면서 참 많은 일이 있었다. 몇 년 동안 피붙이처럼 살다간 고은이네 가족, 나만 보면 장사가 안 된다고 엄살을 부리며 월세를 늦추다 그냥 나가버린 사람들. 좋았던 일도 많았고 인생의 쓰디쓴 맛도 보았으며 많은 사람과도 만났다. 내 인생의 가장 뜨거웠던 20년을 여기서 보냈다. 시할머니 모시고 사대가 함께 살았고, 할머니 돌아가시고 부모님과 살다가 부모님 두 분 돌아가시고 이제는 부부만 남아있다.

남편은 여기서 나고 자랐다. 남편의 지난날이 고스란히 묻어 있는 곳이다. 어찌 쉽게 떠날 수 있으랴. 여기서 내 뼈도 묻을 것이라고 생각했었다. 인생은 어떤 운명에 끌려가는가 보다. 이제는 우리마저 이 집을 떠나야 한다. 소중하고 귀한 시간이었다. 사람과 사람 사이, 건물과 사람도 인연이 있는가 보다.

나는 세입자로의 삶도 있었고 주인세대로도 오랜 시간 살았다. 쉰아홉, 이 나이쯤 되는 사람이라면 결혼해서 처음에 몇 년은 전, 월세로 시작하다가 집을 장만하였을 것이다. 세를 살다가 내 집을 장만하였을 때의 기쁨을 어찌 말하랴.

우리는 이 세상에 잠시 사는 세입자들이다. 그런데 마치 영원히 자기 땅, 자기 집이 될 것인 양 죽는 순간까지 욕심을 부리며 산다. 순간순간 느끼는 기쁨과 작은 행복을 놓치고 사람들의 따뜻한 마음을 거부하며 사는 날이 많다. 생각해 보면 나도 그랬다. 세상엔 좋은 사람이 훨씬 많다. 그러나 수많은 사람 중에 천사의 얼굴을 한 늑대 같은 한 사람 때문에 마음을 다 열지 못하고 산다. 나도 여러 사람을 만나다 보니 사람들이 무서웠다.

늘 작고 소박하게 살아야겠다는 생각을 했다. 집을 정리하면서 내 인생의 한 페이지를 정리해 본다. 이 계절에 어머님 아버님이 집을 떠나셨고 우리도 이제 집을 비워 주려 한다. 그동안 우리 집에 살아줘서 고맙다고 까치네 식구들과 작별인사를 나눠야겠다. 우리는 떠나지만 너희들은 오래오래 이 집에 살아 달라고 오지랖 넓게 부탁한다. 오늘은 동네 어른들과 이웃으로 살아준 고마운 분들과 작별인사를 해야겠다.

여고시절

— 특별한 수업

요즈음 글을 쓰다 보면 한계에 부딪힐 때가 많다. 책을 보고 사전을 찾는다. 학교 다닐 때 이렇게 열심히 공부했으면 뭐가 되어도 됐을 거라는 생각을 하며 피식 웃는다. 열일곱 살에는 열일곱답게 적당히 철부지여야 하고 작은 일에도 호들갑을 떨고 발랄하게 웃어야 하고 세상 무너질 것같이 철철 울어야 아이답다. 열일곱 살에 애늙은이처럼 철이 든 학생은 재미없다. 본분만 잊지 않는다면 나는 세상경험을 하면서 가는 것이 좋다고 생각한다. 요즈음 뜨는 아이돌 가수 엑소에게 정신을 빼앗겨 하루쯤 학교에 결석을 해도 괜찮을 듯하다.

며칠 전 D여상에 계신 선생님으로부터 특별한 부탁을 받았다. 내가 어떻게 고등학생들에게 수업을, 당연히 거절했어야 하는데 거절하지 못했다. 아니 거절이 아니라, 냉큼 대답했다. 학교로 가면서 나는 지나간 내 여고시절을 생각했다. 학교선생님들이 하시는 말씀은 고리타분하고 엄마가 하시는 말씀은 잔소리로 들릴 뿐, 공부는 하기 싫고 선생님과 엄마의 눈을 피해 소설책만 읽어댔다. 그것도 주로 연애소설을. 그리고 틈만 나면 교복 말고 사복을 입어 볼까 궁리를 했고, 문제집 사야 한다고 돈 타다가 친구들과 영화를 보고 빵집에 가고, 돌아보면 모범학생은 아니었던 것 같다. 그렇다고 문제아도 아니었다.

나는 학생들에게 각자의 엄마가 하시는 말씀 중에 듣기 싫은 말을 해보라고 했다. 안 돼, 빨리 들어와, 너 하는 짓 안 봐도 뻔해 등등 어쩌면 그렇게 부정적인 말만 하시는지 또 엄마 친구의 자식들은 어쩌면 그렇게 한결같이 공부 잘하고 똑똑한지 비교당하는 것 이런 것들이 아이들을 견딜 수 없게 한다고 했다. 듣고 싶은 말은 "우리 딸 잘하는구나, 네가 내 딸이어서 기쁘구나." 믿어주는 한마디의 말이 듣고 싶고 필요했던 것이다. 공부도 잘하고 싶고, 잘해야 한다는 것을 자신들도 너무나 잘 알고 있다.

사람의 마음은 한마디의 말에도 움직인다. 하지만 마음만큼 움직이기 어려운 것도 없다. 오죽하면 태산을 옮기는 일보다 어려운 것이라고 했을까. 나는 어른을 상대로 하는 강의를 몇 년째 하고 있지만 매번 오늘은 어떤 글을 써 오셨을까 기대가 되는 것이 사실이다.

그런데 학생들 앞에서 긴장되고 뭔지 모를 미안한 마음이 들고 떨렸다. 아주 짧은 순간 코끝이 시큰했다. 사회의 어른으로써 아이들에게 좀 더 좋은 환경을 좀 더 멋진 세상을 물려줘야 한다는 생각도 했다. 여고생들의 해맑은 얼굴, 긴 생머리, 무엇보다도 지금 아니면 입을 수 없는 교복을 입고 있다는 것과 무엇이든 할 수 있는 가능성이 한없이 부럽다고 말했다.

여린 새순들이게 벌레가 침범하지 못하도록, 바람에 흔들려 꺾이지 않도록 기꺼이 기대고 의지할 수 있는 지지대가 되어야 한다. 누구나 살다보면 크고 작은 흠집이 생기게 된다. 그러나 일부러 흠집을 내는 일은 하지 말아야 한다는 생각을 했다.

한 시간 동안 내 말을 하기보다는 학생들의 말을 들었다. 그래도 한마디는 해 줘야 할 것 같다. 내가 좌우명으로 삼고 살아가는 것이 있다. 공손하게 인사하기다. 그리고 말이 생각을 만들고, 생각이 행동을 만들고, 행동이 습관을 만들고, 습관이 인격을 만들고, 인격이 인생을 만든다는 미국의 철학자 윌리엄 제임스의 말을 예를 들어가며 생각하고 말하는 것의 중요성을 들려주었다.

오늘 여학생들과 보낸 한 시간, 기쁨과 무한한 희망을 보았다. 학생들에게 특별한 수업을 한 것이 아니라 혼탁했던 내 마음이 맑아졌다. "여러분 예쁜 모습 오래오래 간직할게요. 좋은 말 쓰기와 공손한 태도로 인사하는 사람으로 인정받기를 바랍니다. 저도 기억해 주세요. 1학년 4반 여러분 반가웠어요."

삼 년이라는 짧은 여고시절이 앞으로 살아가는 데 행복한 추억이 된다는 것을 이들은 아직 모르리라.

어리석은 청춘

가을은, 가을 자체가 축제다.

맑은 하늘에 뭉게구름이 멋지게 떠 있다. 그대로 축제장의 배경이다. 들판에 익어가는 곡식들, 그리고 끝없이 넓은 황금 들판, 밭두렁에 아무렇게나 널브러져 있는 듯 보이는 누런 호박덩이는 정물화다. 기와집 담장 안에 탐스럽게 달린 감도 풍경화다. 노랗게 익어가는 모과는 한 편의 가을시다. 강가에서 은빛 머리를 흔드는 갈대의 몸짓은 누구도

흉내 낼 수 없는 퍼포먼스 공연이다. 먹을 건 또 얼마나 풍성한가, 금방 캐서 쪄 먹는 고구마, 알밤, 한 입 깨물면 단물이 뚝뚝 떨어지는 잘 익은 사과, 밭에서 금방 쑥 뽑아 먹는 무는 또 어떤가. 축제에는 먹을거리 볼거리 즐길 거리가 있어야 한다. 가을은 축제 중에서도 으뜸인 것 같다. 가을이 풍성한 것은 각종 축제가 있기 때문이 아닐까 생각한다. 10월, 지금 온 나라가 축제인 듯하다. 고추축제, 생명쌀 축제, 대추, 불꽃축제 등등 일일이 나열하기조차 어렵다. 종류도 참 다양하다.

봄에 씨앗을 뿌리지 않고 여름을 잘 견뎌 내지 못하면 가을은 황량하고 쓸쓸할 것이다. 거둘 것 없는 가을은 그야말로 풍요 속의 빈곤이다. 나는 젊어서는 매사가 다 불만투성이였다. 예쁘지 못한 외모부터 자신감 없는 성격, 무엇 하나 내세울 것 없는, 넉넉하지 못한 살림, 어느 것 하나 마음에 드는 것이 없었다. 뜨겁다는 이유만으로 여름이 좋은지 모르고 보낸 것처럼 젊음이 얼마나 귀하고 값진 것인 줄 몰랐다. 지금 생각하면 한심하고 어리석은 청춘이었다.

요즈음 뉘엿뉘엿 지는 해를 보고 있으면 근원을 알 수 없는 후회로 서러움이 복받칠 때가 있다. 한 해 한 해 그 빈도가 심상치 않다. 그래서 이 가을이 더 안타깝고 소중한지도 모르겠다.

매일 축제로 사는 사람이 있다. 내 오랜 지기 수정이 엄마, 그녀는 이른 봄, 마당에 제비꽃 몇 송이만 피어도 내게 전화를 한다. 지금 제비꽃 축제 한다고 오라 하고, 맛있는 차가 선물로 들어오면 차 마시러 오라 하고 장미꽃 몇 송이가 피어도, 장이 맛있게 익어 가면 장독대로 사람들을 모은다. 그것도 양에 차지 않는지 지금은 아예 살림집 옆에 작은 황토방을 지어 본격적으로 사람들을 초대한다. 아니 이제는 초대하지 않아도 사람들이 모인다. 그래서 그녀의 집에는 늘 사람들이 끓는다. 매일 축제를 한다. 사람들이 왁자하게 모이고 웃음이 끊이지 않으니 행복하단다. 웃음을 누가 가져다 주겠는가. 자기가 모으고 만들어서 행복을 가꾸는 그녀의 얼굴도 가을 햇살처럼 맑고 눈부시다. 오늘 내가 그녀에게 국화차 한 잔 청해 볼까 싶다.

가을 들녘을 바라보면 하나하나 감동이 아닌 것이 없다. 따끈따끈한 햇살은 축복이다. 알맞게 차가운 바람은 향기롭고 높고 맑은 하늘은 눈물이 날 만큼 아름답다. 내가 가을이 아름답다고 느끼는 것은 머지않아 겨울이 온다는 것을 알기 때문이리라. 가을의 아름다움을 절실히 느끼는 것을 보면 나도 나이가 들었나 보다. 하긴 겨울이라고 축제가 없을까. 또 나름대로 겨울을 즐기는 법은 있게 마련이다. 나는 지금 마음껏 즐기고 있다. 아무리 좋은 축제가 있어도 자신이 즐기지 않으면 한낱 책 속의 풍경에 불과하다. 봄과 여름을 치열하게 살지 못한 과거는 지워버리고 가을축제에 왔으니 이제는 맘껏 즐겨 볼까 한다.

돌계단을 만들며

새벽에 풀을 뽑고 한낮에는 산에서 내려오는 찬물에 발을 담그며 이 여름을 살아 내고 있다. 밭에는 일하다 잠시 쉴 수 있는 작은 농막이 있다. 마루에서 밭으로 내려가려면 1m 정도의 경사가 있다. 처음엔 오르내리면서도 불편한 줄 몰랐다. 그런데 며칠 지나 하루에도 수십 차례 오르내리면서 다리가 아프고 힘이 들었다. 단거리로 다니려면 비탈을 이용해야 하고 아니면 돌아서 다녀야 하는 불편함을 어떻게 할까 생각하다가 경사진 곳에 계단을 만들기로 했다.

비탈에 흙을 파내고 커다랗고 넓적한 돌을 올려놓았다. 밟고 올라서기 편안하고 무너지지 않도록 밑에 잔돌을 받쳐 단단하게 고정했다. 한 계단 만들어 놓고 올라 서 보고 또 한 층 만들고 그렇게 여섯 계단을 만들어놓았다. 계단 옆으로 꽃잔디도 심었다. 나는 돌로 만든 계단이 예쁘기도 하고 편안하기도 하여 자꾸만 오르내렸다.

우리는 계단을 오르며 아무 생각 없이 딛고 다닌다. 마치 처음부터 거기 놓여 있었던 것처럼 말이다. 지금은 계단도 불편해 엘리베이터를 놓고 버튼만 누르면 오르고자 하는 층에서 멈추는 문명의 혜택을 쉽게 누린다. 처음부터 잘 놓인 계단을 편안하게 오르는 삶이 있는가 하면 비탈진 곳에서 출발하는 삶이 있다. 비탈길을 오르다 보면 잘못 디디거나 조금만 방심해도 미끄러져 내린다. 미끄러지지 않으려면 발끝에 힘을 주고 조심조심 올라야 한다. 힘을 주지 않거나 잠시 딴청을 부리면 지금까지 오른 것이 헛수고가 되기 일쑤다.

등에 짐을 잔뜩 지고 비탈길을 오르는 젊은이들을 볼 수 있다. 저 힘든 삶에 발판 하나 받쳐주면 쉬이 오를 텐데, 안타까운 마음이 들 때가 참 많다.

내 삶도 오랫동안 계단 없는 비탈길이었다. 미끄러졌다 다시 오르고 그렇게 반복하기를 수차례 겪으며 여기까지 왔다. 이십여 년 넘게 오르내리며 무릎이 아파 울었던 날이 있었다. 한 계단 한 계단 쌓으며 올라왔다. 지금은 편안하게 뜨락으로 오르고 뜨락에서 밭으로 내려온다. 계단 없이 올라가야 했던 내 지난 삶은 곡예를 하듯 불안하고 고생스러웠다. 힘겹던 날 누가 내 발밑에 작은 돌 하나 놓아 주었더라면 쉽게 오르지 않았을까.

높지 않은 비탈이지만 그냥 오르내리려니 무척 불편했던 것이 작은 돌 하나를 받쳐놓고 디디며 오르니 한결 수월하다. 내가 만든 돌계단은 주변에 굴러다니는 돌이지만 나에겐 더할 수 없이 요긴하게 쓰였다. 사는 것이 계단을 오르내리는 일과 같다. 한 계단 오르고 나면 또 한 계단 오르고 싶고 또 오르고 싶어진다.

새벽에 뽑다가 만 풀을 해 질 녘에 다시 뽑으며 하루해를 조용히 마무리하는 소중한 이 시간이 감사하다. 남편과 함께 계단을 만들며 엄청난 공사를 하는 사람들처럼 보고 또 보고 올라가 보고 내려가 본다. 완성된 돌계단을 물로 닦아 내며 디디고 오를 계단이 없어 막막했던 우리 부부의 지나온 시간을 돌아본다.

작별인사도 못하고

봄의 나이가 꽉 찼다. 아까시꽃 향기가 진동을 한다. 며칠 전 시부모님 기일이었다. 육 년이라는 시간이 흘렀음에도 아까시꽃이 향기를 내뿜으면 눈물이 난다. 지금처럼 아까시꽃이 흐드러지게 피는 오월 중순 주말이었다. 우리 내외가 어머님 아버님 모시고 꽃구경을 나갔다. 이정골 호숫가에 아까시꽃이 만발하여 꽃가지가 늘어져 손에 닿을 듯했다. 나는 장난기가 발동하여 남편에게 꽃을 꺾어

달라 했다. 남편은 어른들 앞이라 그런지 들은 척도 안 하고 운전만 했다. 옆에 계시던 아버님이 차를 세우게 하고 창문을 열고 꽃이 많이 달린 가지를 툭툭 꺾어주셨다. 나는 향기를 맡고 꽃잎을 따먹으며 차 안을 온통 꽃향기로 채웠다. 아버님께도 드셔보라고 했다. 며느리가 하는 짓을 그저 바라보고 웃으셨다.

그다음해 그날은 평화롭고 따뜻한 사월 주말이었다. 여섯 식구가 얼굴을 보면서 아침밥을 먹었다. 새벽에 출근하는 남편, 대학생이던 아이들, 주중엔 한자리에 둘러앉아 밥을 먹을 수가 없었다. 그래서 일주일에 한 번 만이라도 함께 밥을 먹자고 했다. 그때는 어찌 그리 바빴던지, 그날도 겨우 아침만 먹고 남편은 지인의 자녀 혼사에 참석하려고 집을 나섰고, 나는 예술제 행사로, 아이들은 시험 기간이라 도서관으로 갔다. 아버님 어머님도 봄처럼 곱게 차려입고 작은아버님 생신이라 진천으로 가신다며 나가셨다. 우리는 서로 잘 다녀오라는 인사를 나누고 각자의 행선지로 향했다. 헤어지고 채 30분이나 지났을까? 나는 목적지에 도착도

하기 전 전화를 받았다. 어머님, 아버님 타고 가신 차가 증평 어디쯤에서 사고가 났다는 전화였다. 차를 돌려 병원으로 갔다.

청천벽력이 이런 때 쓰는 말이던가. 상대방 차량의 무모한 실수로 마른하늘에 날벼락을 맞은 것이다. 그 아침이 두 분과 마지막 밥상이 될 줄 그 누가 알았으랴. 이 세상 모든 꽃이 피는 축제의 봄, 아무 예고 없이, 이 세상에서의 마지막 작별인사도 나누지 못하고 우리는 부모님을 잃었다. 황망하여 얼마간 넋을 놓고 지냈다. 49재 동안 일주일에 한 번 성당에 가서 연미사를 올렸다. 우리 내외가 성당으로 갔다. 성당 언덕에 잊고 있던 아까시꽃이 하얗게 피어 얼마나 울었는지 모른다. 육 년 전 일이 어제 일처럼 또렷하다.

우리는 가던 길을 언제 멈춰야 할지 모른다. 모르며 가는 것이 인생이다. 가던 길을 멈추게 되면 한 생애가 끝나는 것이다. 인생이 허무하다는 것을 졸지에 시부모님을 보내고 뼈아프게 알았다. 아무 일 없을 때는 "잘 다녀오세요."

"잘 다녀와라." 이런 사소한 인사를 나누는 일이 얼마나 큰 행복인 줄 모른다. 어느 날 갑자기 소중한 사람들이 떠나고 나면 그 빈자리가 얼마나 컸던가를 실감한다.

앞다투어 꽃이 피는 계절, 봄꽃이 다 피고 이제는 여름으로 가는 시간, 이전에는 내게 아까시꽃은 그저 한 계절 불쑥 피었다 시드는 꽃이었다. 그러나 지금은 아주 특별한 꽃, 특별한 향기다. 이십칠 년을 내 아버님으로 사셨던 분의 영혼으로 기억한다. 나한테 아까시꽃은 어디에서 왔고 어떤 종류의 나무에 속하는지 이런 것은 하나도 중요하지 않다. 다만 아버님과 잠시 즐거웠던 시간의 꽃으로 기억될 뿐이다.

아버님은 하나뿐인 며느리를 귀히 여겨 주셨다. 문학 동인지가 나와 한 권 드리면 며느리 글을 읽고 또 읽고 줄을 치면서 읽으시고 칭찬해주셨다. 육 년의 시간이 흘렀다. 낯익은 향기에 가슴이 두근거린다. 이 봄에도 아버님의 환한 미소처럼 아까시꽃이 피었다. 작별인사도 하지 못하고 헤어진 그리움의 향기. 그립다.

떡잎을 따 주어야 한다

고부갈등, 내 사전에 이런 단어는 없을 거라고 자신했다. 그런데 아들 결혼 준비를 하면서 놀랐다. 나에게 시어머니 기질이 이렇게 강하게 있는 줄 몰랐다. 엄마보다 제 아내 될 사람을 더 챙기는 것이 당연한 아들이 낯설다. 아들과 며느리 될 아이가 예쁘면서도 서운한 마음이 들었다. 한편으론 '그래 나는 서운해도 여자는 자기를 끔찍하게 아끼는 남자와 결혼을 해야 행복한 거야.'라고 생각하면서도 아들에게 서운한 마음이 들었다.

남편은 아들과 의견 충돌로 식식거리는 나를 밭으로 끌고 간다. 아무 말 없이 고춧대 떡잎과 곁가지를 따주라고 한다. 화가 풀리지 않은 나에게 떡잎과 곁가지를 따주라며 이 고추도 싹 틔울 땐 떡잎이 중요하지만, 어느 정도 자라면 떡잎을 빨리 따 주어야 줄기도 튼실해지고 고추가 잘 달린단다. 아들도 빨리 놓으라는 것이다. 이제는 당신 아들 아니라며 언제까지 끼고 있을 거냐고 다그친다. 엄마가 다 챙겨주는 애들은 대학을 졸업해도 혼자서는 아무것도 못 한단다. 심지어 어느 엄마는 직장에서 아들 진급이 늦어지니까 사장을 찾아가 왜 자기 아들 승진 안 시키느냐고 따지더라는 웃지 못할 이야기도 하는 것이다. 그런 애들에 비하면 아들은 너무 잘하고 있는 거란다. 부모가 빨리 독립해야 애가 잘 클 수 있다며 알아서 하게 놔두란다.

시어머님과 함께 살면서 나도 며느리를 보면 어머님 같은 시어머니가 되리라 다짐했었다. 어머니는 뭐든지 나부터 먼저 챙기셨다. 고부갈등이나 큰 불화가 없었다. 내가 잘해서 관계가 좋은 거로 생각했다. 어머님은 항상 "아범아, 뭐든지 에미 시키는 대로 해라."라고 하셨고 아들보다 매사를 며느리하고 상의하셨다. 어머님의 아들 사랑하시는 방법이었음을, 그 마음을 내가 시어미가 되려니 이제야 어머님의 사랑을 알 것 같다.

갈등은 소유욕에서 비롯된다. 아들의 사랑을 나누는 것이 서운한 일인가 보다. 대체 불가능한 사랑이라고 착각하고 살아온 견고한 생각이 잠시나마 아들을 힘들게 했나 보다. 나는 고슴도치였다. 내 존재감을 내세우기 위해 억지를 부리는 것이다. 나는 현실을 받아들이지 못하는 이기적인 생각을 했다.

떡잎처럼 떨어져야 하는 아픔을 겪어야 비로소 또 다른 세계의 기쁨을 느끼는 것이다. 다 키웠으니 독립시켜야지 하면서 내 마음으로부터 독립을 시키지 못했다. 아들이 사랑하는 사람을 맞이하는 복된 순간, 이 복된 순간을 내 속에 있던 시어머니 기질로 인해 상처를 낼 뻔했다. 사람이나 식물이나 자신을 지킬 때가 되면 떡잎처럼 물러나 줘야 한다. 자연의 섭리가 하나도 어긋나지 않는다.

지나온 시간은 남편과 아이들만 바라보는 삶이었다. 안정과 고립의 시간이었다. 며느리를 얻으려 하니 어디서 숨어 있던 시어미 기질이 불쑥 튀어나온 것일까. 아들을 가진 엄마들의 유전자일까. 자식과 함께하는 것이 아니라 멀리서 바라봐주는 존재로서 만족해야 한다. 그래야 나도 즐겁고 아들 부부도 행복해진다는 것을 어린 고추에게서 배운다.

고부갈등, 내 사전에서 지워야 한다는 것을 절실하게 느끼는 중이다. 누구나 초보 시절이 있는 것처럼 나도 아직은 초보 시어미. 식물이 잎이 나오기까지 시간이 걸리듯 아들로부터 독립할 시간이 조금은 필요하다.

어느 하루쯤은

몇 송이 눈발이 흩날리는 겨울 저녁, 안타까운 을미년, 양의 해가 꽁지를 보인다. 해마다 이 시간이면 느끼는 감정이지만 올 연말은 유난히 더 아쉽다. 하루하루가 금싸라기 같은 보석이 하나씩 빠져나가는 듯 아깝다. 바다에 지는 석양이 왜 그리 황홀하게 깊은 시선으로 지는지를 알게 하는 시간이다. 겸손하고 신중한 시간을 가지라는 전언을 읽는 것 같다.

내년이면 이순으로 들어선다. 내 인생 오십 고개를 마무리 지으며 돌아보니 크게 이룬 것은 없지만, 그동안 애썼다고 등을 토닥여 주며 따뜻하게 안아주고 싶다. 아들, 딸 밥벌이하게 컸으니 고맙고 남편도 탈 없이 퇴직했다. 누구나 살면서 후회와 가슴 벅찬 순간이 있다. 좋았던 일, 잘한 일은 잊어버리고 잘못한 것만 더 생각이 난다. 여유롭지 못한 성격으로 주변 사람들에게 너그럽지 못했던 것이 불편하게 걸린다.

며칠 전 문학회 대선배님을 만났다. 선배님은 후배들에게 늘 칭찬을 하시며 후배 누구를 만나도 밥이나 차를 사주신다. 물질에 욕심을 내시지 않는다. 특별한 날 작은 선물이라도 챙겨드리면 이 나이에 무엇이 더 필요하냐며 극구 사양하신다. 가끔 얼굴 보여주는 것으로 고맙다 하신다. 노랫말처럼 늙어 가는 게 아니라 익어 간다는 말, 선배님을 보면서 지는 해의 깊은 마음을 읽는다.

오늘은 온전히 나만을 위한 시간을 가졌다. 오십대도 며칠 남지 않았다. 또 한 번의 매듭을 지어야 한다. 돌아보니 참으로 많은 일을 겪었다. 혹여 넘어질까 무던히 애를 쓰며 걸어왔다. 지금까지 수없이 많은 끼니를 챙겼지만 나를 위해 밥을 지어 본 기억이 없다.

오늘은 나만을 위해 밥상을 차렸다. 요즈음 화제가 되는 영화 〈내부자들〉을 보았고 또 무엇을 할까 생각하다가 목욕을 갔다. 시간에 쫓기지 않고 느긋하게 세신사의 도움까지 받아가며 호사를 누렸다. 오후 시간엔 전화기도 꺼놓고 책을 보면서 뒹굴거렸다. 혼자 있는 시간이 길면 외로울 수도 있겠지만, 오늘은 더없이 좋다. 지금까지 나를 위해 써 본 시간이 얼마나 될까. 어디 시간뿐이랴. 나를 위해 쓰는 돈은 최소한으로 쓰면서도 아깝고 미안한 생각이 들었다. 일 년을 열심히 살다가 12월 어느 하루쯤은 온전히 자신만을 위한 시간을 갖는 일도 괜찮은 일이지 싶다.

오늘은 나를 위해 밥을 짓고 시간을 보냈다. 많은 날 중에 한 날이건만 왜 이렇게 하루하루 의미를 두고 싶은지. 그냥 있어도 의미를 부여해도 같은 시간으로 가는 날들이 지금 나에겐 보석과도 같다.

겨울은 춥기도 해야겠지만 눈이 내려 하얀 세상을 만들어야 겨울답다. 계절도 계절다울 때 아름답다. 사람은 어떻게 저물어가야 아름다울 수 있을까. 나답게 저물어 간다는 것은 어려운 숙제다. 사람의 향기가 나는 사람이고 싶다. '송풍자명松風煮茗, 솔바람으로 차를 끓이니 찻잔 속에 솔숲이 없을 리 없다.'는 말을 생각하며 또 하나의 매듭을 지으려 한다.

김용례 수필집

두 번째 서른

인쇄 2016년 12월 23일
발행 2016년 12월 26일

지은이 김용례
발행인 서정환
펴낸곳 수필과비평사
주소 서울시 종로구 삼일대로 32길 36(익선동 30-6 운현신화타워 빌딩) 305호
전화 (02) 3675-3885, (063) 275-4000 · 0484
팩스 (063) 274-3131
이메일 sina321@hanmail.net essay321@hanmail.net
출판등록 제300-2013-133호
인쇄 · 제본 신아출판사

ISBN 979-11-5933-073-5 03810
값 13,000원

이 도서의 국립중앙도서관 출판예정도서목록(CIP)은 서지정보유통지원시스템 홈페이지(http://seoji.nl.go.kr)와 국가자료공동목록시스템(http://www.nl.go.kr/kolisnet)에서 이용하실 수 있습니다.(CIP제어번호:2016031082)

Printed in KOREA

* 이 책은 제작비 일부를 충북문화재단기금에서 지원받았습니다.